기독교문서선교회 (Christian Literature Center: 약칭 CLC)는 1941년 영국 콜체스터에서 켄 아담스에 의해 시작되었으며 국제 본부는 미국 필라델피아에 있습니다. 국제 CLC는 59개 나라에서 180개의 본부를 두고, 약 650여 명의 선교사들이 이동도서차량 40대를 이용하여 문서 보급에 힘쓰고 있으며 이메일 주문을 통해 130여 국으로 책을 공급하고 있습니다. 한국 CLC는 청교도적 복음주의 신학과 신앙서적을 출판하는 문서선교기관으로서, 한 영혼이라도 구원되길 소망하면서 주님이 오시는 그날까지 최선을 다할 것입니다.

추천사 1

오 덕 호 목사
서울산정현교회 담임

정영도 집사님과는 광주서석교회에서 함께 신앙생활을 했습니다. 집사님은 올바른 신앙생활을 위해 힘쓰는 성도였고 남다른 선교 열정을 가진 분이었습니다. 이번에 아직 예수님을 믿지 않는 분들을 위해 책을 쓰셨다는 소식을 듣고 과연 정영도 집사님이라는 생각이 들었습니다.

지금 좋은 기독교 서적들이 많이 출간되고 있습니다. 그중에서도 이 책은 특별한 장점을 가지고 있습니다. 비기독교인들이 거부감 없이 읽으며 기독교를 이해하고 친밀감을 가질 수 있게 해 주기 때문입니다.

우리가 복음을 전할 때 가장 큰 장애 중 하나가 언어 장벽입니다. 기독교인의 언어가 비기독교인에게는 외국어처럼 들릴 때가 있기 때문입니다. 그러나 정 집사님은 기독교 신앙에 대한 내용을 비기독교인의 언어로 잘 설명해 주고 있습니다. 아마도 그분들에게는 신학자나 목회자의 글보다 더 효과적일 것입니다. 마치 전문가의 설명보다 평범한 소비자의 입소문이 더 효과적인 것처럼 말입니다.

특히, 정 집사님은 신앙인의 우월감 속에 설명하지 않고 오히려 자신의 부족함을 미안해 하면서 설명합니다. 자신과 교회가 부족해서 그분들에게 하나님 사랑을 보여 주지 못하고 복음을 제대로 전하지 못한 것에 대한 미안함입니다. 이런 모습은 그분들이 마음을 열고 복음을 받아들이는 데 큰 도움이 될 것입니다.

이 책은 비기독교인들이 하나님에 대해, 교회에 대해 궁금해 할 다양한 주제를 잘 설명해 주고 있습니다. 특히, 신앙생활의 실제적인 문제를 많이 다루고 있고, 설명 방법도 신앙고백과 간증이 섞여 있어 비기독교인들이 재미있게 읽으며 하나님과 가까워질 수 있을 것입니다.

이 책은 신앙생활에 대해 많은 것을 균형 있게 알려 주고 있어 기존 성도들도 신앙 성장에 큰 도움을 받을 수 있을 것입니다. 아울러 성도들이 그동안 복음을 전하고 싶었지만 전하지 못했던 친구들에게 복음을 전하는 데도 큰 도움을 줄 것입니다. 정 집사님의 귀한 저서가 널리 읽혀 많은 비기독교인이 구원을 얻게 되고 많은 성도가 더욱 올바른 신앙생활을 하며 하나님의 뜻을 충만히 이루어 드리길 바랍니다.

추천사 2

송필오 목사

경성대학교 교목

신앙이란 단지 이상이 아닌 현실이며 이론이 아닌 삶입니다. 정영도 교수님은 학창 시절과 젊은 교수 시절 선교 단체 리더로 주님께 헌신하셨고 그 후 교회에서는 묵묵히 평신도 사역을 감당하며 학교에서도 외국인 유학생들을 헌신적으로 섬기셨습니다. 이 책은 자신의 자서전과 같은 책입니다. 지나온 그의 삶이고 현재 그의 삶이며 앞으로의 그의 삶일 것입니다. 그의 글은 가정, 직장, 세대, 사회, 삶과 죽음, 신앙과 교회 등 우리가 살아가는 일상에서 겪는 광범위한 문제에 대한 답을 시원스럽게 풀어갑니다.

오늘날 교회에서 부상한 예민한 이슈들을 적나라하게 드러내고 성경의 관점에서 분명한 해결책을 제시하기도 합니다. 그의 이야기는 추상적이 아니라 아주 구체적이며 실제적입니다. 오늘 당장이라도 쉽게 적용할 수 있는 내용들입니다. 그의 글은 거침 없지만 균형 잡혀 있습니다. 신자와 비신자, 평신도와 목회자, 젊은 세대와 기성세대를 넘나들면서 모두가 귀 기울일 수 있는 글입니다.

무엇보다 겸손한 글입니다. 가족 이야기를 하면서도 삼자의 이야기로 표현하며 사회 문제나 교회 문제를 남의 탓으로 돌리지 않고 자신의 문제인 것처럼 미안함을 표현하는 부분에서 진한 감동을 받습니다. 마치 친구에게 말을 건네듯이 다정함이 묻어 있는 필체는 읽어도 지루함을 느끼지 않게 합니다.

'아름다운 은퇴는 있어도 아름다운 죽음은 드물다'는 말은 아직도 제 가슴 속 깊숙이 박혀 있습니다. 이 책은 앞으로 살아갈 인생에 대한 방향을 제시할 뿐 아니라 지나온 삶을 다시 돌아보게 해 재조정하게 만드는 유익하고 탁월한 삶의 지침서입니다. 이 책을 통해 많은 분이 보석 같은 삶의 지혜를 발견하게 되고 무엇보다 하나님 주신 최고의 선물, 예수님을 만날 수 있게 되기를 소망하면서 기쁨과 진심을 담아 추천드립니다.

추천사 3

윤 동 섭 박사
연세대학교 의무부총장·의료원장

저자는 저의 2년간의 연수 기간 '휴스턴서울교회' 출석 중 가족의 실제 삶을 통해 제가 기독교인으로서의 삶을 살고 싶다는 간절한 마음을 갖게 하신 분이시라 정말 기쁘고 감사한 마음으로 이 책의 추천사를 씁니다. 기독교는 교육, 의료 등 우리 사회에 지대한 공헌을 했습니다. 우리 연세대학교와 세브란스병원도 136년 전 외국 선교사님들의 희생과 봉사에 기초해 설립되었습니다. 그러나 최근 기독교는 예수님이 말씀하신 세상의 빛과 소금의 역할을 잘 감당하지 못한 부분이 있으며, 내적 외적으로 여러 어려움을 겪고 있습니다.

이 책은 기독교인으로서 성경을 기초로 현재 우리 삶을 되돌아보게 하며, 살아가는 동안 중요하게 생각하는 가치를 성경의 관점에서 살펴보고 정리하고 있습니다. 예수님이 기독교인들에게 어떤 삶을 요구하시는지, 혹은 예수님을 따르는 자라면 세상과 어떻게 구별된 삶을 살아야 할지 제시합니다.

또한, 기독교 신앙을 갖지 않는 분들에게 기독교의 기본 진리를 잘 설명하고 있으며, 복음을 명확하고 구체적으로 명시합니다. 기독교를 조금 오해하고 계신 분들에게는 신학자나 목회자의 관점이 아닌 평범한 그리스도인의 생각을 정리해 설명했습니다.

저자는 암생물학 전문가로 국제학술지에 논문을 100여 편 발표한 의과학자입니다. 논리와 이성으로 기독교가 왜 진리이며, 우리가 왜 기독교 신앙을 가져야 하는지를 설명합니다. 출간을 진심으로 축하드리며, 이 책을 통해 많은 분이 성경적 가치관을 새롭게 하고 기독교 복음을 알고 믿게 되는 계기가 되기를 바랍니다.

평범한 그리스도인의 변명

An Ordinary Christian's Excuse
Written by Young Do Jung
All rights reserved.
Korean Edition Copyright ⓒ 2021 by Christian Literature Center, Seoul, Korea.

평범한 그리스도인의 변명

2022년 10월 21일 초판 발행

지 은 이 | 정영도

편　　　집 | 박지영
디 자 인 | 박성숙 서민정
펴 낸 곳 | (사)기독교문서선교회
등　　　록 | 제16-25호(1980. 1. 18.)
주　　　소 | 서울특별시 동대문구 천호대로71길 39
전　　　화 | 02-586-8761~3(본사) 031-942-8761(영업부)
팩　　　스 | 02-523-0131(본사) 031-942-8763(영업부)
이 메 일 | clckor@gmail.com
홈페이지 | www.clcbook.com
송금계좌 | 기업은행 073-000308-04-020 (사)기독교문서선교회
일련번호 | 2022-108

ISBN 978-89-341-2489-4 (03230)

이 책의 출판권은 (사)기독교문서선교회가 소유합니다. 신저작권법에 의하여
한국 내에서 보호를 받는 저작물이므로 무단 전재와 무단 복제를 금합니다.

평범한 그리스도인의
변명

정영도 지음

An
Ordinary
Excuse
Christian's

CLC

/목차/

추천사 1   1
오덕호 목사 서울산정현교회 담임

추천사 2   3
송필오 목사 경성대학교 교목

추천사 3   5
윤동섭 박사 연세대학교 의무부총장·의료원장

들어가는 글   12

제1부 선택   14
1. 재물   15
2. 성공   21
3. 행복   26
4. 천국   31
5. 과학과 신앙   36
6. 기독교인   42

제2부 운명   47
1. 결혼   48
2. 부모   54
3. 자녀   59
4. 믿음   65
5. 친구   70
6. 죽음   75

제3부 삶　　　　　　　　　　80
　1. 시간　　　　　　　　　　81
　2. 사랑　　　　　　　　　　86
　3. 질병　　　　　　　　　　91
　4. 직장　　　　　　　　　　96
　5. 퇴직　　　　　　　　　　101
　6. 유언　　　　　　　　　　106

제4부 신앙　　　　　　　　　112
　1. 선물　　　　　　　　　　113
　2. 성경　　　　　　　　　　118
　3. 기도　　　　　　　　　　123
　4. 찬송　　　　　　　　　　128
　5. 목회자　　　　　　　　　133
　6. 선교사　　　　　　　　　139

제5부 한계　　　　　　　　　144
　1. 착각　　　　　　　　　　145
　2. 예배당　　　　　　　　　150
　3. 교회 친구　　　　　　　　155
　4. 염려　　　　　　　　　　161
　5. 교회 세습　　　　　　　　166
　6. 이단　　　　　　　　　　171

제6부 현실　　　　　　　　　176
　1. 갑질　　　　　　　　　　177
　2. 세대 차이　　　　　　　　182
　3. 사회 참여　　　　　　　　187
　4. 다문화　　　　　　　　　192
　5. 코로나　　　　　　　　　197
　6. 기독교　　　　　　　　　202

나가는 글　　　　　　　　　208

들어가는 글

정 영 도 박사

전남대학교 의과대학 교수

미안한 마음입니다

오랫동안 교회를 다닌 평범한 기독교인이 예수 믿지 않는 분들에게 무엇이라도 말씀드리고 싶습니다. 예수 믿지 않는 분들이 기독교회와 교인들에게 기대하시는 것에 너무 부응하지 못했습니다. 이제는 기대조차 하지 않을까 걱정입니다.

기독교인으로서 고지식하고 편협해 내 주장만 고집했으며 듣는 친구분들 마음을 세심하게 살피지 못했습니다. 복음을 전하고 교회로 초청할 때 무례하게 말하고 행했던 적도 있습니다. 죄와 천국에 대해 너무 쉽게 단죄하고 표현했습니다. 제일 미안한 것은, 그리스도인으로서 신앙과 신념을 말로는 잘 하지만 삶으로 보여 주지 못했습니다.

억울한 점도 있습니다

저나 제 친구 기독교인이 보여드린 것이 기독교의 실체이거나 전부가 아닙니다. 보석은 따로 감추어져 있는데 밖으로 드러낸 것은 누추했으며, 진리를 전하는 방법이 미숙했습니다. 많은 그리스도인이 신앙의 확신을 따라 성경의 가르침대로 살아보려고 애쓰는 분입니다.

그러나 교회를 잘 출석한다고 모두 기독교 신앙인은 아니며, 신앙 없이 단지 교회만 다니는 분들도 많습니다. 더욱이 기독교 이단은 더 큰 문제를 야기했습니다. 기독교회가 제 역할을 하지 못할 때 기독교 이단들이 왕성하게 부흥했으며 사회 문제를 일으키고 있습니다.

평범한 그리스도인입니다

저는 교회에서 어떤 지위에 있지 않은 평범한 그리스도인입니다. 짧지 않은 기간 성경을 공부하고 예배에 참여하면서 배우고 생각한 것을 정리했습니다. 평범한 이야기와 주제들을 예수님을 믿는 분들 그리고 예수님을 믿지 않는 분들과 나누고 싶었습니다.

2021년 여름 시작 즈음

제1부

선택

1. 재물
2. 성공
3. 행복
4. 천국
5. 과학과 신앙
6. 기독교인

1

재물

 돈이 말한다(Money Talks). 즉, '돈이면 모든 것이 해결된다'는 의미입니다. 물질이 중요하지 않은 때는 없었으나, 대부분 사람이 가난했던 시절에는 부자가 되는 것은 다른 나라 사람들 이야기로 생각했습니다. 그러나 지금은 옆집에 꽤 큰 부자가 살고 있으며, 친구는 투자를 잘해 큰 돈을 모았다는 이야기를 듣습니다. 또한, 학창 시절에는 같은 부류의 친구로 생각했는데 부모가 어느 개발 지역에 땅이 있어 그 친구는 이미 상당한 재력을 상속받기도 했습니다.

 그러는 사이 물질이 만능이 되고 모든 것이 돈으로 평가됩니다. 프로 운동선수들이나 직장인들은 연봉이 얼마인가로 그 사람의 가치가 평가됩니다. 초등학생들도 자기 십 아파트가 몇 평이고, 부모의 자동차가 어떤 것이냐가 관심이며 이야기거리라고 합니다. 직장인들에게는 인센티브 제도가 발전하면서 돈을 이용해 시간과 열정을 강요합니다. 현실은 더 많이 가지는 것이 더 좋은 것이라고 유혹하며, 더 많은 소유가 더 행복한 삶을 보장할 것이라고 착각하게 합니다.

재물을 쌓는 것이 기술(technique)이 되어 이를 재테크라고 하는데, 젊은이들은 주식과 가상 화폐에 몰입되어 있고 부동산은 천정부지로 올라 정권이 흔들릴 정도입니다.

사람이 살아가는 동안 재물은 항상 중요했습니다. 성경은 예수님이 사시던 2천 년 전에도 "재물과 하나님을 겸하여 섬길 수 없다"고 하시면서 재물과 하나님을 거의 동등한 위치에 둘 수 있음을 경고합니다. 재물이 섬김의 대상이 될 수 있으며 돈이 사람들을 노예로 삼을 수 있다는 의미입니다.

부족과 만족

절대 부족의 경우 물질을 모으는 이유를 생각할 필요가 없습니다. 필요한 만큼 모아지지 않으며 항상 부족하기 때문입니다. 지금도 가정의 생활 비용이 충분하지 않거나 혹은 노후 대비가 부족한 경우는 왜 모아야 하는지 생각할 필요조차 없습니다. 그러나 물질은 부족과 만족에 대한 절대적 경계가 없는 것이 특징입니다. 어느 쪽을 바라보느냐 혹은 누구를 보느냐에 따라 실제로 만족할 수 있는 상황이더라도 부족하다고 느낄 수 있습니다.

큰 부자가 있어, 오래 전 재산이 50억 원 정도 되면 사회와 대학에 재산의 일부를 기부하겠다고 했었는데, 재산이 50억이 넘은 지 오래되었는데도 지금은 더 큰 건물을 사면서 또

은행에서 돈을 차용해 여전히 계속해서 더 모으기에 힘쓰고 있습니다. 큰 부자들은 큰 부자대로 또 부족합니다.

먹을 쌀이 부족했던 시절, 여러 가마의 쌀을 집에 쌓아 놓고 편안하게 지내다가 하루 이틀 지나면서 쌓아 둔 쌀을 다 먹고 나면 부족할 것에 대해 또 걱정합니다. 자신에게 이미 충분한데 아직도 부족하게 느끼는 것을 '빈곤 망상'이라고 하며, 차이는 있지만 누구에게나 조금씩 있는 증상이라고 합니다.

사도 바울은 "비천에 처할 줄도 알고 풍부에 처할 줄도 알아 모든 일 곧 배부름과 배고픔과 풍부와 궁핍에도 처할 줄 아는 일체의 비결을 배웠노라"(빌 4:12)라고 말합니다. 항상 부족할 것 같은데 물질에 만족하고 자족할 수 있는 방법이 있다는 증거입니다. 벌써 10여 년 전 스티브 잡스가 유언처럼 남겼던 글 내용 중 "자신이 이미 충분한 물질을 모았는데 또 모으기 위해 더 중요한 가족과 친구들과 시간을 보내지 못했다"는 후회의 글을 읽고 공감했습니다.

세상에는 물질보다 더 중요한 것이 많다는 것을 누구나 공감합니다. 필요하지만 덜 중요할 수 있는 잉여의 물질을 모으기 위해 정작 중요한 어떤 것을 놓친다면 어리석은 일입니다. 그런 점에서 요즘 젊은이들 사이에서 유행하는 파이어족(FIRE, Financial Independence Retire Early, 40대 이전 경제적으로 독립해 조기 은퇴 후 삶을 즐긴다는 의미)이라는 개념은 무조건 더 모으는 것이 최선이라고 생각한 기성세대와 다른 점이라 할 수 있습니다.

투자와 투기

 전문가들은 분명하게 구별하겠지만 일반인들에게 모호한 경제 개념이 투자와 투기입니다. 투자는 장기적이며 가치를 생각하는 것이고, 가치보다는 단기적 시세 차익을 얻으려고 하는 것이 투기라고 합니다. 투자는 긍정적 용어이지만 투기는 비난의 대상이 됩니다. 그런 점에서 보면 젊은이들이 많이 참여하는 주식 혹은 비트코인 시장은 투자보다는 투기에 더 가깝다고 생각됩니다.

 인터넷 휴대폰으로 직접 매매가 가능해 자신의 본업에 집중하기 어렵다든지 혹은 빚으로 투자해 큰 손실을 입었다는 뉴스를 자주 접합니다. 어떤 직장에서는 인터넷 주식거래 사이트 접속이 되지 않게 했다고 하니, 일과 중 많은 분이 주식 시장에 참여한다는 의미일 것입니다.

 한편으로 이해되는 것은 여유 자금이 생겨도 마땅히 투자할 곳이 없기 때문입니다. 미래의 결혼, 자녀 양육, 주택 구입, 노후 자금 등을 모으기 위해 은행에 두면 제로 금리 시대에 바보 짓이라고 합니다. 부동산에 투자하기에는 너무 적은 액수라면 자금이 갈 곳이 없는 때입니다.

 투기가 투자가 되려면 투자 가치에 대한 집중적 연구와 정보가 있어야 하며, 오랜 기간 기다림이 필요한데 돈이 사람을 가만히 두지 않는 것 같습니다. 매 순간 주식 시세가 빨간색, 파랑색으로 등락이 표시됨에 따라 기분이 좌우되고 심장

박동도 변화가 있을 것입니다.

낮 시간에는 국내 주식 시장에 참여하고 밤에는 해외 주식을 사고 판다고 합니다. 젊은 직장인들 상당수가 빚을 내서 주식 혹은 비트코인 시장에 참여한다고 하는데 이들에게는 정보가 부족할 수밖에 없으며, 노동의 가치보다는 자본을 이용한 일확천금을 기대하는 것 같으나 손실을 보기가 쉬울 것 같습니다.

성경에서는 "정녕히 재물은 스스로 날개를 내어 하늘을 나는 독수리처럼 날아가리라"(잠 23:5)라고 경고하며 자신의 손으로 일해서 모아진 것이 쌓인다고 합니다. 그리스도인에게 투자와 투기는 구별이 좀 더 간명합니다. 예수 그리스도와 하나님 나라를 생각하며 물질을 사용하고 모으는 것은 투자이며, 부가 세상의 만족이나 즐거움만을 위한 것이라면 투기입니다. 하나님 나라는 가치가 있고 영원해 장기적이지만 이 세상은 잠깐 지나가고 말 것이기 때문입니다.

탐심은 우상 숭배

성경에는 일반적으로 물질과 돈을 쌓는 것, 부자가 되려고 하는 것을 부정적으로 기록하는 경우가 더 많습니다. 먹을 것과 입을 것이 있으면 족하게 여기라고 하시며, 두 벌 옷을 가진 자는 없는 자와 나누라고 합니다. 무조건 더 많이 가지려고 하는 탐심은 우상 숭배와 같다고 합니다.

　무엇이든 너무 많으면 오히려 해가 되는 경우가 있습니다. 더 많은 물질이 다 좋은 것은 아닌 것 같습니다. 또한, 물질을 잘 사용하지 않으면 오히려 물질의 노예가 될 수 있습니다. 사람이 물질을 사용하는 것이 아니라 오히려 물질이 사람을 조정합니다. 물질을 더 모으기 위해 창조주 하나님을 찾지 않는 것, 가진 물질로 자신의 배만 채우는 것, 하나님 대신 물질을 의지하는 것, 교만해 가난한 자들을 무시하는 것을 성경은 경계합니다.

　하나님은 잘 모으는 것보다는 잘 사용하는 것을 더 높이 평가하십니다. 작은 소유지만 나누는 사람에게 양보다는 그 마음을 보시고 크게 칭찬합니다. 하나님이 모든 공급의 원천이시기 때문에 하나님 나라와 의를 먼저 구하면 하나님이 모든 것을 책임져 주신다고 합니다.

2

성공

역사의 교훈

성공은 어떤 목표를 정하고 달성했을 때 쓰는 표현입니다. 성공이 꼭 지위가 높아지는 것만을 의미하는 것은 아니지만, 모든 권력을 가진 왕이 되었거나 혹은 한 나라의 대통령이 되었다면 가장 성공한 삶의 상징으로 생각해도 될 것입니다.

구약성경의 역사서와 예언서는 대부분 지금부터 약 3,000년에서 2,500년(B.C. 1000~B.C. 500)까지 사울 왕으로 시작되는 이스라엘의 시작과 약 40여 명의 북이스라엘과 남유다 왕들의 역사에 대한 기록입니다. 40여 명의 왕 중에서는 몇 개월을 통치한 왕에서부터 50년 이상 권력을 유지하는 왕까지 다양합니다. 화려하고 강한 힘을 가진 왕도 있었지만 나라가 망하면서 모든 것을 빼앗기고 유배되며 죽임당하는 왕들을 보면서 권력의 무상함을 자주 생각하곤 합니다. 오히려 성공한 것으로 여겨졌던 한 사람(지도자) 때문에 수없이 많은 사람이 피해를 입고 고통당하기도 했습니다.

성경의 역사가 아니라도 지금 우리의 전직 대통령 두 분이 감옥에 있는 상태이며, 한 대통령은 치매로 재판을 받기조차 어렵다고 합니다. 성경은 "인생은 그 날이 풀과 같으며 그 영화가 들의 꽃과 같도다"(시 103:15)라고 말합니다. 화려하게 보이지만 잠시 잠깐 후면 시들어 버리고 마는 꽃과 같다고 합니다. 세상 지위나 부귀영화를 아주 무시한다는 말은 아니지만 이보다 더 중요한 것이 있을 수 있다는 말입니다.

방향과 목표

성공하려면 목표가 있어야 하며 인생이 성공하려면 인생의 목표가 규정되어야 합니다. 그러나 삶의 목표와 목적을 교육, 철학, 종교 등에서 답하지 못했으며, 대부분 사람은 그것이 분명하지 않습니다.

"인생은 무엇이며, 어디서 와서 어디로 가는 것인지, 어떻게 사는 것이 가장 잘 사는 것인지?"

등에 대한 존재 이유와 삶의 목적에 관해 끊임없는 질문을 던지고 이에 대한 답을 제시하려는 것이 철학이며 종교입니다.

철학자들은 깊은 묵상과 지혜에서 정답을 찾으려고 했지만 질문은 또 다른 질문을 만듭니다. 여러 종교도 비슷합니다. 삶에 대한 근본적 질문 앞에서 불완전한 답을 제시하거나 또 다시 질문이 반복되면서 인생은 답을 찾아가는 과정으로 수련하고 정진한다고 합니다. 어떤 이는 인생은 답이 없다는 것을 정답으로 믿고 살아가기도 합니다. 그러나 방향과 목표가 없거나 분명하지 않은 삶을 열심히 사는 것은 위험합니다. 열심히 살아간 결과에 어떤 위험이 도사리고 있는지 모르기 때문입니다.

달리기를 잘 하는 사람이 있습니다. 세계에서 제일 빠른 선수라 할지라도 올바른 표적을 향해 달려야 합니다. 잘못된 방향으로 달린다면 달릴수록 목적지에서 멀어지는 것이며 차라리 달리지 않음만 못하기 때문입니다.

솔로몬과 예수

성경에서 세상의 눈으로 볼 때 가장 성공한 사람 중 한 사람은 솔로몬왕이며, 가장 실패한 사람은 예수님입니다. 솔로몬은 누구도 누리지 못했던 부귀영화를 누렸으며 큰 영토와 강력한 왕권을 행사했습니다. 이스라엘 역사 중 솔로몬 왕 때와 같이 번성했던 때는 없었으며, 솔로몬 왕은 젊은 시절 지혜가 출중해 그 누구와도 비교할 수 없었습니다. 수많은 잠언을 남겼으며, 성경에서 최고의 것을 비교할 때 솔로몬이 누렸던 영화를 예로 듭니다.

반대로 예수님의 삶은 가장 실패한 인생처럼 여겨집니다.

젊은 나이 33세에 로마 시대에 가장 수치스럽고 가장 비참한 사형 집행법이던 십자가에 못 박혀 죽으셨습니다. 가족들은 자신들도 피해 볼 것을 두려워해 예수님을 외면했으며, 수제자들은 저주하고 부인하며 떠났습니다.

그러나 수천 년이 지난 지금 되돌아보면 솔로몬은 인생의 마지막 때 잘못으로 나라가 나뉘어지고 쌓아두었던 온갖 재물은 순식간에 침략과 노략을 당하고 맙니다. 그러나 예수님은 자신의 삶 동안 섬기고 사랑했던 가난한 12명의 제자를 통해 지금까지도 지구상에 수십억이나 되는 사람이 그분을 메시아로 믿고 경배합니다.

성경이 답하다

수천 년 내려오는 질문 즉 인생과 삶에 대해 성경처럼 명확하게 답하는 책은 없습니다. 너무 분명해서 오히려 의심을 갖게도 합니다. 하나님이 창조하셨고, 하나님께로 돌아가며, 하나님 영광을 위해 사는 것이 성공한 삶이라는 것입니다. 기독교인이 추구하는 성공은 자신을 이 세상에 보내신 하나님의 창조 목적을 이루는 것입니다. 삶의 목적은 하나님께 영광이 되는 것과 하나님 나라가 확장되도록 하는 것입니다.

구체적인 삶의 방법은 하나님을 찾아 경배하며 이웃을 내 몸처럼 사랑하는 것입니다. 그리고 성공이라는 결과보다는 성실이라는 과정을 더 중요하게 여깁니다. 성공하느냐 못하느냐는 하나님이 결정하시지만 하나님께 영광된 삶을 위한 성실함은 나의 책임입니다.

세상은 결과를 중요시하지만 하나님은 과정과 동기를 중요시하며, 사람들은 겉모습을 보지만 하나님은 마음의 중심을 보십니다. 사람의 평가는 잠깐이지만 하나님의 심판은 영원합니다. 세상에서 실패한 삶을 산 것처럼 보이는 예수님은 "하나님이 세상에 보내신 뜻을 완성했다"고 말씀하셨습니다. 예수님이 성공한 삶을 사신 것입니다.

성공한 삶의 평가

성경에는 그리스도인이 이 세상에서 사는 삶을 외교관으로 표현한 부분이 있습니다. 즉, 이 세상은 본국(본향)인 하나님 나라를 대표한 대사로 파견된 곳이며 언젠가 본국으로 돌아가 자국의 이익을 어떻게 실현했는지 평가 받게 될 것입니다. 이 세상에서 아주 오랜 기간 머물러 있을 것으로 생각하거나 혹은 그냥 즐기기만 하다 갈 수 없는 이유입니다. 이 땅에서의 삶이 단순히 소풍이나 여행이 아니기 때문입니다.

3

행복

 복은 누구에게나 중요한 화두입니다. 행복은 삶의 주제이며 목표입니다. 복은 행복에 비해 더 넓은 개념으로 사용되며, 신년인사에서 "새해 복 많이 받으세요"라고 합니다. 복을 받으시라고 하지만 구체적이지 않아서인지 언젠가부터 "대박 나세요" 혹은 "부자 되세요." 이렇게 인사하기도 합니다. 복은 살아가면서 누리는 만족과 행운이며, 풍족하고 부족함이 없는 상태입니다. 물론, 개인마다 복을 느끼는 정도가 다르며 혹은 복에 대한 정의도 다를 수 있습니다.

 전통적으로 오복은 장수, 부요, 건강, 덕, 아름다운 생의 마감이며, 성경은 팔복으로 심령이 가난한 자, 애통하는 자, 온유한 자, 의에 주리고 목마른 자, 긍휼히 여기는 자, 마음이 청결한 자, 화평하게 하는 자, 의를 위하여 핍박을 받는 자라고 말합니다.

만남의 복

삶에서 누구를 만나느냐가 인생의 많은 것을 결정합니다. 만남이 복입니다. 태어나서 가장 먼저 만나는 분이 부모이며, 복 중에서 최고의 복은 좋은 부모를 만나는 것입니다. 어떤 청년은 재벌 2세가 꿈이었는데 아버지가 성실하지 않아 재벌이 되지 못해 자신의 꿈을 이루지 못했다는 유머도 있습니다.

또한, 좋은 친구와의 만남도 중요합니다. 평생을 살아가면서 마음의 깊은 부분을 나누고 위로하며 동행하는 친구는 행복의 중요한 요건입니다. 반면 삶의 어려움을 겪는 분들 중 자신들의 인생이 험난하게 된 것은 잘못된 친구를 만나서 그렇다고 하는 경우가 많습니다. 자신도 그런 친구 중 하나이면서 말입니다.

또한, 좋은 스승 한 분이 인생의 방향을 바꾸기도 합니다. 삶의 중요한 결정의 순간에 좋은 본을 보이며 길잡이를 해 주는 조언자나 스승이 계시는 것은 큰 복입니다. 가정을 이루면서 또 중요한 만남이 있습니다. 좋은 배우자를 만나고 또 세대를 이어가며 이제는 나의 자녀와의 만남은 행복의 필수 요소입니다. 가정이 평안하지 않고 삶이 행복하기는 불가능합니다. 가정은 천국의 모형이기 때문입니다.

그리고 또 하나의 아주 중요한 만남이 남아 있습니다. 창조주 하나님과의 만남입니다. 하나님을 우리가 아버지라고 부르는 것은 내 영혼의 아버지요 창조주이시기 때문입니다. 육신의 아버지가 내 삶에서 절대적으로 중요했던 것처럼 하늘 아버지와의 만남은 인생에서 매우 중요합니다.

창조주 하나님은 자신을 찾고 찾으라고 하시면서 만남을 위해 노력하라고 말씀하십니다. 절대자 혹은 하나님 만나기를 고대하며 그분이 실제 계시는지 심각하게 생각해 보는 노력이 필요합니다. 주위에 하나님이 계시다고 인정하거나 혹은 하나님을 믿는다고 말하는 분들이 계시면 그분들의 이야기에 마음을 열고 귀 기울여 볼 필요가 있습니다. 부모님이 계시지 않고 살아가는 어린아이의 삶이 복 되기가 쉽지 않은 것처럼 영적인 아버지 하나님이 없는 인생은 진정한 복이 있다고 할 수 없습니다.

행복(Happiness)과 복(Blessing)

성경에는 행복(happiness)이라는 단어보다는 복(blessing)이라는 표현이 훨씬 많이 그리고 자주 등장합니다. 행복(Happiness)은 행운(우연히 생긴 일, happen)에서 시작되었고 축복(blessing)은 피흘림(bleeding)에서 근원되었다고 하는데 기독교적으로 잘 해석되었습니다. 복이 자기 노력의 결과, 운이 좋아서, 부모님을 잘 만나서, 혹은 투자를 잘해서 얻은 것이라면 기독교에서 말하는 복과는 차이가 있습니다.

블레싱 즉, 피 흘림의 축복은 누군가 희생의 결과로 복을 누리는 것입니다. 예수님이 십자가에서 피 흘리심으로 우리가 복을 누리게 된 것입니다.

지금 성경 찬송가는 책자 표면이 금박 혹은 금색으로 되어 있는 것이 많지만, 오래전 성경을 기억하시는 분들은 성경책 앞마구리(책 배)가 빨간색으로 되어 있는 것이 생각나실 것입니다. 성경에서 빨간색은 아주 특별합니다. 성경 전체가 피 흘림의 빨간색으로 그려져 있다고 설명합니다.

기원전(B.C. before Christ), 즉 예수님 오시기 전 쓰여진 구약 성경에서는 양과 여러 제물의 피 흘림 그리고 오실 메시아의 피 흘림에 대한 예언이며, 기원후(A.D. Anno Domini), 즉 예수님이 오신 이후 쓰여진 신약은 피 흘리신 예수님에 대한 기록입니다. 이런 이유 때문에 초창기 성경책을 빨간색으로 표시한 것으로 생각됩니다.

빨간색의 역사는 우리 문화에서도 찾아볼 수 있습니다. 어릴 적 동짓날에 어른들이 팥죽을 끓여 대문과 담벼락에 바르는 것을 보며 미신으로 여겼는데 성경을 읽으면서 조금 이해가 갔습니다. 지금부터 3,500년 전쯤 노예로 종살이하던 이스라엘 백성들이 지도자 모세를 따라 애굽에서 나오던 날, 모든 장자가 죽는 재앙인 마지막 재앙을 피해가기 위해 양을 잡아 그 피를 문과 문설주에 바르는 것을 읽으면서 우리 선조가 동짓날 팥죽을 끓여 대문이나 담벼락에 바른 것과 비슷한 것으로 생각됩니다.

예수님의 십자가 피 흘림의 희생으로 우리는 생명의 복을 누리게 된 것입니다.

부와 성공이 행복이라면 예수님은 실패한 분입니다

이 세상에서 성공과 풍족함이 복이라면 예수님은 가장 복이 없는 사람입니다. 가난한 가정에서 태어나 목수로 살다가 30대 초반에 가장 치욕스럽고 고통스러운 십자가에서 돌아가셨습니다. 복음(복된 소식, gospel)은 예수님의 십자가이며 이를 믿음으로 하나님 자녀가 되는 것이 복이며 하늘의 복입니다.

기독교의 믿음은 하나님이 주시는 하늘의 복, 십자가 피 흘리심의 죄 사함의 복, 영원한 하나님 나라를 소망하는 복을 최고로 여기고 누리는 삶입니다. 이 세상은 잠깐이며 구름처럼 지나가 버리고 말 것입니다. 이 세상에서 잠깐의 아름다운 행복도 중요하지만 영원한 하나님 나라의 축복을 더 추구해야겠습니다.

4

천국

우리는 아주 편하고 만족스러울 때 천국 같다고 합니다. 천국이라는 표현은 천당 혹은 하나님 나라라고 표현되기도 하며, 천국과 지옥으로 대조되어 사용되기도 합니다. 성경에서는 하나님 나라와 천국은 약간 다른 의미로 사용됩니다. 하나님 나라는 하나님의 주권이 미치는 모든 곳으로 영토(장소)적 의미뿐 아니라 하나님의 다스리심을 받는 사람의 마음이 포함됩니다.

그러므로 하나님 나라는 죽어서 가는 곳이라기보다 이 땅에서 하나님 통치가 실현되는 모든 영역이 하나님 나라이며 이 땅에서 넓혀져 가다가 천국에서 완성될 나라입니다. 예수님이 그리스도인들에게 명령하신 "너희는 먼저 그의 나라와 그의 의를 구하라"(마 6:33) 고 하신 것은 하나님의 영향력(주권) 아래 머물며 그 영역을 넓혀 나가라는 의미입니다.

천국의 위치

그리스도인들에게 천국은 죽음 후에 가는 장소적 의미가 있습니다. 어떤 모습으로 갈지는 명확히 알 수 없으나 예수님이 변화산에서 모세와 엘리야를 만나시는 것을 보면 몸을 입고 있는 것으로 생각되지만 구체적으로 묘사하긴 어렵습니다. 천국이 하늘 끝에 있는지 우주의 다른 공간인지 혹은 사이버와 같은 어떤 공간인지 알 수도 없습니다.

천국이 이성적으로 인식이 되지 않기 때문에 막연하게 여기고 어떤 분들은 천국을 부인하기도 합니다. 신앙이 없는 분들은 죽으면 끝이라고 하며 사후 세계 자체를 인정하지 않는 경우도 있습니다. 천국을 정확하게 설명하거나 묘사할 수 없으며 단지 천국에 들어가는 방법만 이야기해서 미안합니다. 그러나 예수님은 너무도 분명하게 여러 차례 모든 사람에게 죽음과 심판 그리고 천국과 지옥을 가르치시고 경고하십니다.

파스칼 내기

확률론을 체계화한 위대한 수학자였던 파스칼(Blaise Pascal, 1623-1662)이 제안한 "파스칼의 내기"(Wager of Pascal)에서 천국이 있다는 쪽을 선택하지 않을 이유가 없다는 것입니다.

천국이 있다고 평생 믿고 산 사람(기독교인)이 죽은 다음 그가 평생 믿었던 천국이 없다면, 그는 잃을 것이 별로 없으며, 사는 동안 하나님 믿고 행복했다면 그것으로 만족하면 된다는 것입니다. 그러나 천국과 하나님을 부인하던 사람에게 죽은 후 실제 천국과 지옥을 직면하고 천국에 갈 수 없다면 이보다 더 큰 위험과 낭패가 없습니다.

물론, 도박처럼 하나님 믿는 것, 천국에 대한 생각을 신앙이라고 하기는 어렵습니다. 죽음 후에 대해 아무것도 모르는 상태라면 무조건 없다고 하기보다는 사후에 대해 기록한 경전을 찾아보아야 합니다.

성경은 천국과 지옥이 존재하며, 죄 없이 의롭게 된 자만 천국에 초청될 수 있다고 말합니다. 하나님을 믿는 많은 사람 중에는 하나님의 살아계심과 천국에 대해 막연하고 파스칼의 내기처럼 하나님을 믿기 시작했지만, 성경을 공부하고 예수님을 믿고 실제 삶에서 하나님을 경험함으로 새로운 삶을 살게 된 진실한 그리스도인이 너무 많습니다.

천국으로 초대

천국이 있다면 누가 들어갈 수 있을까요?

당연히 선하고 착한 사람이 들어가야 하는 것은 누구나 동의합니다. 문제는 '누가 선하고 착한 사람인가'인데 성경은

이 세상에 하나님 수준에서 볼 때 천국에 들어올 만큼 자격이 된 사람은 한 사람도 없다고 합니다. 조금 더 착한 사람, 조금 더 선한 사람은 있어도 완벽하게 선하고 착한 사람은 이 세상에 없습니다. 사람이 보기에는 선한 사람, 착한 사람, 좋은 사람이지만 하나님 보시기에는 모두 미달입니다.

예를 들어, 어떤 대학의 합격 점수가 95점이라면 1점을 받은 사람도 그리고 94점을 받은 사람도 모두 불합격입니다. 1점 받은 사람의 입장에서 보면, 94점 받은 사람은 공부 잘하는 사람일 수 있으나, 95점에 미달되면 누구나 실패이며, 합격하지 못합니다. 하나님은 죄인 된 사람의 힘으로는 어떻게 해도 천국에 들어갈 수 없어 다른 방법을 제안하십니다. 바로 예수 그리스도 십자가의 피 흘림입니다.

천국은 예수님이 자신의 죄를 위해 십자가에서 돌아가셨음을 믿는 사람만 들어갈 수 있습니다. 높은 지위에 있거나 유명한 사람들이 준비한 잔치는 특별한 사람, 초대받은 사람, 즉 초대권이 있는 사람만이 입장할 수 있는 것처럼 예수님이 천국의 초대장입니다. 자신은 죄인이기 때문에 스스로는 천국에 들어갈 수 없다고 인정하며, 예수님의 십자가를 통해 죄 씻음 받았고, 예수님 때문에 의롭게 되었다고 고백하고 믿는 사람만 들어갈 수 있는 곳이 천국입니다.

감추어진 보배

천국은 감추어진 보화나 금광에 비유됩니다. 금이 숨겨진 광산을 알았다면, 자신이 가진 그 어떤 것이라도 다 팔아 금광을 사려고 할 것입니다. 천국은 나의 소유를 다 팔아서라도 사야 하는, 그 어떤 것보다 더 가치 있는 곳입니다. 하물며 예수님을 믿으며 이 세상을 살아가는 것은 그렇게 어려운 일이 아니며 누구에게나 열려 있는 길입니다.

예수를 믿는다고 선교사로 다 나가라고 하지 않으며, 재산의 많은 부분으로 어려운 사람을 도우라고도 하지 않습니다. 단순히 겸손하고 진실된 마음으로 자신의 죄를 고백하고, 예수님의 십자가 죄 사함을 믿으며, 이제는 죄에서 떠나고 하나님의 뜻이 무엇인지 생각하면서 순종하며 살면 되는 것입니다.

천국은 죄가 없는 곳이며 고통과 슬픔, 눈물이 없는 곳입니다. 이 세상에서 느꼈던 행복과는 비교할 수 없을 정도의 기쁨과 감격이 넘치는 곳이며 하나님과 항상 동행하며 찬양이 넘치는 곳입니다. 그래서 그리스도인들은 천국을 소망합합니다.

5

과학과 신앙

과학이 아닌 믿음

어떤 사람은 자신이 과학적으로 사고하고 판단하기 때문에 증명되지 않은 신앙을 갖지 못한다고 말합니다. 또 다른 사람은 과학적 관점으로 시작해 믿음으로 신앙을 갖게 되었다고 말합니다. 세계적으로 유명한 과학자 중 기독교 신앙을 믿지 않는 분이 많으며, 반대로 노벨상을 수상한 과학자 중 기독교인들도 많습니다. 즉, 신앙은 개인적 신념과 확신이며 과학과는 별개의 문제입니다.

과학은 어떤 현상에 이론적 가정을 세우고 실험해 반복적으로 동일한 결과를 얻어 증명합니다. 눈에 보이지 않는 하나님에 대한 믿음을 증거할 방법이 없으니 과학적 설명과 해석은 불가능한 것입니다. '창조과학회'라는 모임이 있으며 지금도 활동하고 있습니다. 하나님이 창조하신 자연 질서를 과학의 측면에서 증거를 제시해 보려고 노력합니다.

다양한 자료를 제시해 창조된 지구와 하나님이 다스리시

는 자연을 이해하는데 도움을 주려고 노력합니다. 그러나 여러 면에서 증거가 부족하고, 신앙을 과학적으로 해석하는 데는 한계에 직면할 수밖에 없습니다. 창조주의 활동을 피조물인 인간이 증명하는 것은 불가능한 일입니다.

성경의 시간

과학자들은 지구는 45억 년 전에 생겼으며 인류의 출현을 6백만 년 전으로 추측하지만, 성경의 창세기에서 하나님이 지구를 만들고 최초의 인류 아담을 만든 역사는 성경의 시간대로라면 6천 년 정도입니다.

즉, 지금부터 예수님이 오셨던 때까지 약 2천 년의 신약 시대와 예수님에서 아브라함까지 2천 년 그리고 아브라함부터 아담까지 2천 년으로 구약 시대 4천 년입니다. 예수님이 세상에서 사셨다는 것은 공자나 석가가 세상에 사셨던 것처럼 명백한 역사적 사실입니다. 구약성경에서 이스라엘 역사가 기록된 대로 다윗과 솔로몬 왕이 이스라엘의 초창기 왕이었음을 세계사가 증명합니다.

지구와 인간 출현에 있어 과학의 역사와 성경의 역사가 이렇게 차이가 나는 이유를 확실하게 규명할 수 없지만 해석은 해 볼 수 있습니다.

두 가지 가설이 모두 맞다는 전제에서, **첫 번째 가설은** 성년 지구 이론입니다. 하나님이 지구를 만드실 때 이미 오래된 지구(즉 수십억 년 된 지구)를 만드셨다는 것입니다. 하나님이 아담을 만들 때도 정자 난자에서 시작해서 사람을 만들고 자라게 한 것이 아니라 이미 성년의 아담을 만드셨습니다. 태어난 후 첫째 날이 아담에게 이미 20살 아담이었을지 모릅니다.

두 번째 가설은 구약 성경에 나타난 연수의 기록이 현재 우리가 생각하는 시간 개념과 차이가 있을 수 있다는 이론입니다. 아담으로부터 시작해 10대 후손인 노아의 홍수까지 성경에 기록된 사람들은 거의 900살까지 살았다는 기록에서 우리가 보통 생각하는 나이, 시간, 년도, 햇수와 차이가 큽니다. 그러나 신앙은 과학이 아니며 과학으로 증명될 수 없습니다.

기도 응답

제가 근무하는 곳 옆 건물이 유명한 암 센터입니다.

날마다 주차장이 가득 차고, 환자가 갈수록 증가하고 있습니다. 일전에 그곳을 지나다가 '혹시, 환자 중 누군가 기도해 주는 분은 치료 효과가 있을까, 통계적으로 계산이 가능할까'라는 생각을 해 본 적이 있습니다. 환자를 그리스도인과 비

그리스도인 혹은 교회 다니는 분과 그렇지 않은 분으로 나누고 치료 효과나 예후, 혹은 재발률 등을 계산해 볼 수 있겠다는 생각이 들었습니다.

그러나 하나님은 그렇게 계산적인 확률과 통계로 그분의 역사하심과 섭리를 보여 주시는 분은 아닐 것이라는 생각이 들었습니다. 그렇다고 환자분들을 위해 기도해야 할 필요가 없다고 주장하지는 못합니다. 아마 기도하지 않았으면 더 경과가 좋지 않았을지도 모릅니다.

이처럼 하나님의 역사하심은 결과를 두고 과정을 해석하는 것이지, 피조물인 인간이 창조주 하나님을 시험하고 평가할 수는 없기 때문입니다. 기도 역시 개인의 믿음이 필요한 부분으로, 어떤 분은 수십 년 기도한 제목들을 노트에 기록하며 하나님이 응답하심을 표시하고 경험하며 더 기도하시는 분도 계십니다.

자연과 신앙

성경에서 하나님은 자연 현상에서 자신을 보여 주시며, 자연 속에서 하나님에 대해 분명히 알 수 있다고 기록합니다. 들판의 아름다운 형형색색의 꽃과 나무와 풀들, 저녁 은하수와 별과 달, 석양과 노을, 매일 변함없이 떠오르는 태양, 적당한 만큼의 눈과 비 그리고 공기와 산소, 시속 1,500킬로미

터로 달리는 지구 위에서 흔들림 없이 서 있는 자신을 보며 크신 하나님을 찬양하고 경배하는 사람들이 있습니다.

자연에 경외심을 갖고 신이 존재한다고 하면서 그분이 누군지 알아보겠다고 결심하기도 합니다. 대자연과 큰 우주 속에 하나님의 역사하심이 있으며, 10마이크로미터 안의 작은 세포에 또 다른 우주가 있습니다.

세포 안에는 1마이크로미터 크기의 핵이 있고, 그 핵 속에 약 30억 개 염기 서열이 잘 정렬되어 있으며 정확히 복제되고, 잘못된 경우 수정하는 유전자 복구 시스템을 보면서 하나님의 존재를 인정하기도 합니다. 그러나 같은 현상을 관찰하고도 절대자 창조주를 배제하고, 완전하지는 않지만 과학적으로 모든 현상을 해석하려고 노력하는 이들도 있습니다. 그리고 언젠가 인간의 힘으로 자연의 모든 것을 이해할 수 있을 것이라고 소망하는 비그리스도인 과학자도 있습니다.

과학이 아니라 인격

과학과 신앙은 서로 만나지 않는 기차의 철로와 같이 평행선처럼 보입니다. 도저히 만날 것 같지 않습니다. 과학으로 도저히 해석하거나 분석할 수 없는 현상을 성경은 기적이라고 말합니다. 예수님의 동정녀를 통한 탄생은 과학의 설명이 불가능하며, 가나 혼인잔치의 물이 변화되어 포도주가 된 것은 실온에서 핵융합은 일어날 수 없으니 성경을 믿을 수 없다고 합니다.

그러나 하나님이 천지를 창조하신 분이라면 우리 사람과는 차원이 다르고 불가능이 없으신 분으로 못할 것이 없습니다. 단지 피조물인 인간이 그분의 창조 능력을 모두 이해 못하는 것뿐이며, 평행선처럼 보이는 과학과 신앙이 언젠가 만날 것이라는 믿음이 신앙입니다. 기독교 신앙을 과학적으로 증거하고 증명할 수는 없지만, 변화된 기독교인의 인격으로 보여 줄 수는 있습니다.

갈릴리의 가난한 청년 예수의 삶과 죽음을 12명의 제자가 목숨을 걸고 전하기 시작해 지금은 전 세계 수십억이나 되는 사람이 인정하는 종교가 되었습니다. 기독교는 과학이나 말이 아닌 인격과 삶으로 예수님을 증거해야 하는데, 현재 기독교인들은 그것이 부족해서 미안하고 죄송합니다.

6

기독교인

미안하고 죄송함

　살아 있고 살아 간다는 것이 미안한 마음이 들 때가 있으며, 미안한 것 중에 가장 큰 것이 '예수님을 믿는다'는 것입니다. 오랫동안 교회를 다녔고 성경도 조금은 읽어 보았습니다. 아주 정확히는 아니어도 성경이 무엇을 말하는지 짧은 지식을 갖게 되었습니다. 우리나라 역사에서 한 때는 교회 다니는 사람들은 착하고 선하며, [교회에 다니지 않는 사람들도] 기독교에 대해 고맙게 생각하던 때가 있었습니다.

　학장 시절 교회에 다니지 않더라도 여름 방학이나 겨울 방학 때가 되면 교회에서 진행하는 성경 학교에 참석하기도 했으며, 언젠가 기회가 되면 교회를 다녀보겠다는 분들도 꽤 있었습니다. 제가 그랬습니다. 오래 전이지만 일본의 침략과 압제로 힘들 때에 많은 그리스도인이 독립운동을 했다는 이야기를 들었습니다.

6.25 전쟁 후 온 나라가 폐허가 되었을 때는 외국에서 오신 선교사님들이 자신들의 인생과 삶을 바친 헌신과 수고로 많은 병원과 학교 그리고 교회를 세웠습니다. 국가에서 지원해 설립한 국립 병원들이 현재처럼 성장하기 전 '예수' 혹은 '기독'이라는 이름의 병원들이 각 지역에서 중요한 역할을 했으며, '미션스쿨'은 초기 선교사들이 세운 중고등학교로 우리 교육에 큰 역할을 했습니다.

그러나 지금은 상황이 많이 다릅니다. '기독교인은 편협하고 고집이 세며, 융통성이 없고, 자기만 아는 종교인들로 이기적이다'라고 생각하는 사람들이 많습니다. 예수를 믿지 않는 사람들이 기대했던 기독교인으로서 삶의 모습은 찾아보기 어렵고, 자신들의 신앙과 신념만 강조하는 공동체인 것 같습니다. 생각하는 것보다 훨씬 더 기독교에 대해서 부정적이며 특히 젊은이들이 더욱 그런 것이 안타깝습니다. 기독교회와 교계 지도자들이 책임이 있으며, 그리스도인이라고 말하는 저도 많은 책임을 느끼며 미안하고 죄송한 마음입니다.

평범한 그리스도인

40여 년 정도 교회를 다녔으며 예배에 참여하고 성경도 조금 공부해 보았습니다. 기독교인들은 "하나님은 살아 계시며, 지금 이곳에 계시고(임재, 臨在), 모든 것을 아시며 모든 것이 가능하시다(전지전능, 全知全能)"라고 고백합니다.

이 세상보다는 천국에 소망을 두고 살아간다고 하며, 기도하고, 많은 기독교 노래도 부릅니다. 그러나 저와 주위 그리스도인들을 돌아보면 정말 그런지 의심이 들 때가 많습니다. 교회 다니시는 분들 모임에서 "하나님께 영광"을 말하지만 세상에서 살아갈 때는 교회에 다니지 않는 사람과 별 차이가 없어 보입니다. 사고방식이나 삶의 가치도 차이가 없는 것처럼 보입니다. 기독교인들은 예수님을 따르고 본받는 사람들이라고 하여 크리스천(christian)이라고 부릅니다.

세상 사람들은 크리스천이 예수의 가르침을 삶의 지침으로 삼아 남을 위해 자신들을 희생하며 공의와 정의, 정직과 성실한 삶을 살 것이라 기대했습니다. 그러나 기독교인보다 비기독교인 중에 더 정직하고 성실하고 남을 배려하는 사람도 많습니다.

기독교인과 비교 대상이 되는 것을 오히려 비기독교인 입장에서 화를 낼 수도 있습니다. 기독교와 기독교인에 대한 비난에는 변명의 여지가 없습니다. 믿지 않는 분들이 기독교인에게 예수님의 삶을 본받고 성경의 가치를 기준으로 하는 삶의 수준을 요구하며 비난했던 것인데, 지금은 그런 비난의 대상에서조차 제외되는 것이 두렵습니다.

예수 닮기

교회 안에는 정말 예수님의 모습처럼 살아가는 분들도 많이 있습니다. 믿지 않는 분들이 기대하시는 이상으로 성경적이며 복음적으로 살아가고 계십니다. 지금의 기독교회가 부족하지만 지금의 모습이라도 유지할 수 있었던 것은 예수님을 닮은 삶을 사는 분들의 덕택입니다. 아마 이 글을 읽는 분의 친구분 중에도 예수님을 닮은 참 그리스도인 친구 한두 명 정도는 있기를 기대하는 마음입니다.

2천 년 전에 오신 예수님을 아직까지도 지구촌 약 10억 명 정도의 사람이 왜 지속해서 예배하는지 기독교회와 기독교인들이 잘 전달해 드리지 못했습니다. 교회 다니는 사람들의 삶을 보고 그것이 예수님께서 가르쳐 주신 삶이라고 생각하거나 혹은 그분들의 삶이 예수님 삶의 모습이라고 생각하면 큰 오해입니다. 몇 줄 글로 개신교를 대변할 수 없으며, 말보다는 신행일치(信行一致)의 삶을 보고 싶으신 것을 알지만 우선 변명과 사과의 마음을 전하고 싶습니다. 진심으로 미안한 마음이 있음을 알려드리고 예수를 믿는 사람으로서 조금은 고치려고 노력이라도 해 보고 싶습니다.

변명

기독교회나 어떤 목회자에 관한 부정적 뉴스를 접하면 제 이야기이며 혹은 우리 가정의 잘못이 들추어지는 것처럼 부끄럽게 느껴지는 것이 예수를 믿는 사람들의 마음입니다. 기독교 역사에서 교회는 항상 핍박이 있었고 그 어려움들을 자양분 삼아 성장했습니다. 인고의 세월을 견디며 강하게 된 것이 기독교 역사이지만 지금의 어려움은 여느 때 고난이나 상황과는 다릅니다.

기독교의 역사적 고난은 하나님 영광을 위해 혹은 예수 그리스도의 십자가 진리를 지키기 위함이었다면, 지금의 고난은 그리스도인들의 부끄러운 삶과 잘못, 세속화의 결과이며, 핍박이라기보다는 스스로 자초한 형벌의 수준입니다. 이유가 어찌 되었든 기독교회는 지금 어려운 시기를 지나고 있습니다.

그런데도 우리는 기독교회의 주인이 하나님이심을 믿으며, 교회와 그리스도인이 세상을 밝히는 빛이며 희망이 될 수 있다고 믿습니다. 성경과 기독교 역사에서 모든 소망이 없어진 것 같은 때에도 하나님은 항상 믿음의 그루터기와 씨앗을 남겨 두시기 때문입니다.

제2부

운명

1. 결혼
2. 부모
3. 자녀
4. 믿음
5. 친구
6. 죽음

1

결혼

선택과 필수

결혼에 대한 개념이 짧은 기간에 크게 바뀌었습니다. 결혼 적령기에 대한 생각이 바뀌고, 배우자 선택에 있어 부모 의견보다는 결혼 당사자들이 스스로 결정하게 되었습니다. 그렇더라도 결혼 자체는 선택이 아닌 필수적인 삶의 한 부분으로 수천 년을 이어 내려온 삶의 기본 중의 기본으로 여겼습니다. 기성세대에게는 결혼을 부정하거나 다시 해석하는 현 세대가 쉽게 받아들여지지 않습니다. 태어나는 것이 삶의 시작이라면 그 태어남의 기초가 결혼입니다.

한 인생의 삶과 죽음을 감명 깊게 묘사한 최명희 님의 소설 『혼불』 1권 첫 주제가 결혼식입니다. 남과 여가 만나 사랑하고 결혼해 아이가 태어나고 새로운 세대가 연결되는 고리가 결혼입니다. 그러나 요즘은 결혼이 이성의 논리로 다시 개념화되고 있습니다. 여자는 결혼하면 남편과 시댁을 섬겨야 하는 부담스러운 일이거나 혹은 직장과 가사의 이중고,

자녀를 낳고 양육하면서 직업 단절을 이유로 결혼을 기피합니다.

남자들 역시 가정에 얽매이고 구속되는 결혼으로 자유로운 젊음과 인생을 포기할 수 없다고도 합니다. 또는 경제 논리로 안정되지 못한 직장이나 감당하지 못할 부동산 가격으로 한 칸 집 마련이 어려워 결혼할 수 없다고 합니다.

결혼의 조건

아이가 태어나고 자라서 성숙한 뒤 결혼하는 것은 수천 년 전부터 조상들이 그렇게 해 왔고, 앞으로도 그렇게 할 것이라고 생각했습니다. 농경 시대에서는 조금은 부족하지만 결혼해서 함께 논밭을 일구며 자녀들을 키우고 그렇게 사는 것이 삶이라 생각했습니다.

그러나 지금은 배우자가 자신의 이상형인지, 안정된 직장은 있는지, 성품은 어떤지, 부모는 무엇을 하는 사람인지 등등 따지고 고려할 내용이 너무 많습니다. 특히, 경제력은 결혼의 중요한 요인이 되어 안정된 직장이 없으면 결혼하기 어렵습니다.

안정된 직장 자체가 부족한 지역이라면 젊은이들은 직장을 찾아 떠나고 미혼의 청춘은 안정된 직장의 배우자를 찾아 이사하기도 합니다. 자신이 어느 정도 조건을 갖추었다면 또 결혼할 상대도 비슷한 조건을 갖춘 대상을 찾습니다. 결혼 시기가 점점 늦어지고 다양한 조건의 많은 자료를 갖고 있는 결혼 정보 회사가 많은 회원을 확보하고 돈을 버는 구조입니다.

결혼의 이유

결혼해야 하는 이유를 쓴다는 것 자체가 우습습니다. 당연한 것에는 이유가 없습니다. 마치 왜 손가락은 5개인지 묻는 것과 같습니다. 굳이 결혼의 이유를 생각해 보자면 남자와 여자의 역할이 서로 달라 삶에서 보완하고 도와 줄 수 있어 보다 완성된 목적을 이루며 갈 수 있기 때문입니다.

사람을 뜻하는 한자 '인'(人)은 홀로 설 수 없어 두 사람이 서로 의지해 붙들어 주며 서 있는 것과 같습니다. 남자와 여자는 유전적으로 서로 달라 정자, 난자, 유전자의 각인화(imprinting)라고 해 정자만으로 혹은 난자만으로 수정란을 만들 수 없습니다. 서로 다른 남녀가 만나 온전한 연합을 이루는 것입니다. 자녀를 출산하는 것도 결혼의 중요한 이유 중 하나입니다. 성경에는 여러 가지 계명이 있습니다.

하나님이 아담과 하와를 창조하시고 첫 번째 "- 을 하라"라고 하신 것이 "생육하고 번성하라"입니다. 즉, 자녀를 낳고 사람 숫자를 늘려 가는 것입니다. 성경에서 인간에게 명령하신 전체 계명 수는 613가지라고 합니다. 꼭 해야 할 명령이 248개이며, 하지 말라는 명령이 365개입니다.

전체 613개 계명 중 첫 번째 계명이 바로 생육과 번성입니다. 자녀를 낳고 양육하는 것은 하나님 명령입니다. 또한, 결혼의 다른 이유는 성적으로 범죄하지 않고 거룩하고 경건한 삶을 살기 위함입니다.

성경에서 몸 안의 죄로 음행, 간음, 음란죄를 항상 언급합니다. 하나님이 계시지 않는 곳, 하나님이 떠난 곳에 성적 문란이 있었습니다. 성경의 가르침은 결혼이라는 테두리 안에서 성적인 필요가 채워지는 것입니다. 신약성경을 다수 기록한 사도 바울 선생도 육신적 정욕을 이기지 못할 경우 결혼하라고 가르치십니다.

성경 속의 결혼

남자와 여자가 만나 결혼한다는 것은 성년이 되었으며 사회적 의무를 감당해야 하는 독립적 책임자로서의 시작을 말합니다. 부모를 떠나 아내와 연합해 한 몸을 이루는 것입니다. 경제적, 정신적으로 이제 부모의 영향에서 벗어나는 시작이 결혼입니다. 부모도 이제 더 이상 결혼한 자녀에게 도움을 줄 의무는 없습니다. 부모를 떠났기 때문입니다.

자녀에게 더 이상 삶의 중요한 결정에 관여하는 것 혹은 무엇을 가르치려 하는 것은 성경의 가르침은 아닙니다. 새롭게 결혼한 남편과 아내도 이제 독립해 부모를 의지하거나 부모를 삶의 그늘로 생각해서는 안 됩니다. 또한, 이 세상을 살면서 간접적으로 천국을 경험한다면 결혼으로 생기는 가정 안에서 가능합니다.

남편은 아내를 사랑하고 아내는 남편에게 순종하라고 말합니다. 아내들이 더 손해인 것 같다고 목소리 높이기도 하지만 그 이유는 성경 말씀을 잘 이해하지 못해서입니다. 남편의 사랑이 훨씬 수준 높고 어렵기 때문입니다.

남편의 사랑은 '예수님이 성도들을 위해 돌아가신 것처럼 아내를 위해 목숨을 내놓는 것과 같은 사랑'입니다. 남편은 목숨을 주는 정도로 아내를 사랑하고 아내는 남편에게 복종하고 힘을 다해 남편을 돕는(배필) 것이 성경적 부부의 역할입니다. 성경에서 가르치는 대로만 남편과 아내가 결혼생활을 한다면 그 가정은 천국의 향기가 날 것입니다.

결혼은 필수?

물론, 모두가 꼭 결혼해야 한다든지 혹은 결혼하고 있지 않으면 무엇을 잘못하고 있다는 말은 아닙니다. 정말 결혼하고 싶으며, 간절히 결혼 상대자를 찾고 있는데도 아직 적당한 배우자를 만나지 못한 경우도 많습니다. 앞에서 언급한 사도 바울도 결혼하지 않고 혼자 사는 유익에 대해서 성경에 언급한 적이 있습니다. 바울은 "하나님과 이웃을 더 잘 섬기기 위해 결혼하지 않는다면 이것도 잘하는 것"이라고 말합니다.

2

부모

운명적 만남

 부모와 자녀의 관계는 운명입니다. 우리 인간관계 하나하나가 의미 있고 모두가 운명적 만남이지만 가족 특히 부모와 자녀 관계는 아주 특별합니다. 자신의 모든 것을 다 주어도 아깝지 않으며 목숨까지도 나눌 수 있는 관계가 부모와 자녀 관계이며, 부모가 자녀를 혹은 자녀가 부모를 선택하는 관계는 전혀 아닙니다. 선택할 수 있다는 것은 선택을 안 할 수도 있으며, 혹은 선택한 후 다시 바꿀 수도 있다는 의미가 있기 때문에 부모와 자녀 관계를 선택에 비유할 수 없습니다.

미안한 이름 부모

 부모님, 혹은 어머니와 아버지, 그 이름만으로도 울컥할 때가 있고, 여러 가지 감정이 교차하지만 미안하고 죄송한 마음이 먼저입니다. 일제 강점기, 6.25 전쟁 등 어렵고 가장 힘든 시기를 견디시면서 자녀들에게 온전한 희생과 헌신을 하신 분들입니다.

 우리가 따뜻한 물에 샤워하며 행복할 때, 부모님 세대는 차가운 물조차도 귀했고, 냇가까지 가서 제대로 씻지도 못하셨을 부모님 생각이 납니다. 따뜻한 고기 국물이라도 먹을라고 하면 보리고개로 주린 배를 물로 채우며 들판에 흰쌀처럼 보이는 개망초를 원망하며 평생 흰 쌀밥에 고깃국이 소원이셨을 부모님 생각이 스치기도 합니다.

 학업을 위해 대도시에 나와 자취를 시작하던 때, 부모님이 중고 생필품을 사 주시던 상점 거리를 지날 때면 40년이 지난 지금도 숙연해집니다. 음정과 박자는 정확하지 않았고, 분명하지 않은 가사지만 어머니 아버지가 중얼거리시던 유행가는 나의 가장 좋아하는 노래가 되었습니다. 병영생활을 소개하는 방송에서 나오던 노래 '엄마가 보고플 때 엄마 사진 꺼내 놓고'로 시작하는 <그리운 어머니> 노래가 흐를 때는 현장의 병사들과 함께 TV를 보던 누구라도 눈물을 글썽입니다.

특히, 어머니가 옆에 계시지 않는 경우 더욱 그렇습니다. 요즘은 초등학생들이 배우지 않는다고 하는 동요 '고향의 봄'에서 '나의 살던 고향은 꽃피는 산골, 복숭아꽃, 살구꽃 ~' 이렇게 노래하며 막연한 고향을 그리워하는 마음도, 실제 고향의 많은 꽃보다 어릴 적 부모님과 같이 생활하던 아련한 기억 때문입니다. 부모님과 함께 어린 시절을 보낸 곳이 고향입니다.

약속 있는 첫 계명

성경의 십계명 중 처음 4가지는 하나님에 관한 것이며 나중 6가지는 사람과의 관계 계명입니다. 사람과 관계 중 첫 번째 즉 제5계명이 "네 부모를 공경하라"입니다. 단순한 명령일 뿐 아니라 "그렇게 하면 네가 땅에서 잘 되고 장수할 것"이라는 약속 있는 첫째 계명입니다.

십계명을 공부하던 중 부모를 공경하는 것은 당연한 것인데, 이를 가장 앞세운 이유는 아마도 부모 공경이 쉽지 않기 때문일 것입니다. 성경에 '고르반'이라는 표현이 나오는데 이는 '하나님께 드려졌다'는 의미입니다. 예수님은 '고르반'했다고 하면서 부모에게 의무를 다하지 않는 신앙인을 책망하십니다. 아무리 교회 일에 열심이고 헌신했어도 부모를 잘 모시지 않았다면 예수님은 '고르반주의'라고 책망하실 것입니다.

부모를 모시는 사람은 당연히 장남이며, 그래서 장남의 상속이 더 많았던 때도 있었지만 1991년부터 우리 민법에 따르면 모든 자녀가 똑같이 상속받도록 되어 있습니다. 물론, 상속의 양이 부모를 모시는 것을 결정하는 것은 아니지만, 상속이 부모의 것을 받는 것을 의미한다면 부모의 것을 더 받는 자녀가 부모를 더 돌보는 것은 당연한 일입니다.

그러나 기독교인이라면 부모에게 받는 상속의 양에 상관없이, 장남, 차남, 아들, 딸 상관없이 먼저 부모를 돌보는 것이 그리스도인의 기본 도리입니다. 만약 그리스도인이 도움이 필요한 부모에게 소홀하거나 다른 형제에게 미룬다면 참 그리스도인인지 의심해 보아야 합니다. 왜냐하면, 그것은 성경의 명령이며 약속이기 때문입니다.

제 주위에는 예수님을 믿지 않고 교회 출석도 하지 않지만 부모님에게 지극 정성을 다하는 효자, 효부들이 있습니다. 기독교인이 아니더라도 부모를 잘 모시고, 편하게 해 드리는 것은 사람의 본분이며, 실제 부모를 잘 모시는 분은 예외 없이 선하고 착한 분입니다.

부모님 기억

사람이 인생을 마치면서 후회하는 것 중 하나가 부모를 잘 모시지 못한 것입니다. 물론, 최선을 다해 부모를 모셨지만 부족하다고 생각하는 경우도 있고, 상황과 여건이 허락되지 않아서 부모를 잘 모시지 못한 경우도 있습니다. 부모가 돌아가신 후에는 모두가 효자, 효부가 되는 것 같습니다. 좋은 묘지를 만들고 성대하게 제사 지내는 것은 아무런 의미가 없습니다. 제사를 백 번, 천 번 드리는 것보다 살아 계실 때 더 찾아 뵙고 연락을 자주 드리는 것이 훨씬 낫습니다.

 기독교인에게 기일은 돌아가신 분에 대한 감사의 마음을 기억하고, 남겨진 가족이 우애하는 기회를 만들며, 부모의 유지를 받들어 세상을 바르게 살아가기로 격려하는 자리가 되어야 합니다. 기독교인도 기일을 기억하고 참여하며, 남은 가족을 위로하고 사랑으로 하나되도록 노력해야 합니다. 효도가 부모님이 원하는 것을 해 드리는 것이라면 지금도 부모님의 마음은 남은 가족이 서로 우애하며 사랑으로 사는 것입니다. 그것이 기독교인이 해야 할 역할이며 사명입니다.

3

자녀

    인생에서 제일 행복한 순간을 떠올리라면 자녀가 태어나 자녀와 처음 만난 순간입니다. 오직 나만을 의지하는, 아무 것도 할 수 없는 아이를 이제 내가 책임져야 한다고 생각할 때, 어깨가 무겁고 열심히 살아야겠다는 각오도 했습니다. 한 발씩 걸음마를 하고, 한 단어 한 단어 배워가며, 글자를 읽고 자신의 이름을 쓸 수 있을 때, 모든 순간이 감격이고 기쁨입니다.

    어리고 연약하기만 한 자녀를 보면서 사람이 귀하다는 것, 내 자녀가 이렇게 귀한 것처럼 모든 사람 모든 자녀가 귀하나고 생각했습니다 자녀 양육은 축복이며, 아주 특별한 경험입니다. 꼭 추천드리고 싶은 충분한 값을 지불할 만한 삶의 과정입니다. 신혼부부들이 꼭 자녀를 낳아 행복을 경험하고 그 자녀들을 훌륭하게 키워 우리 사회의 일꾼으로 자라게 하길 바라는 마음입니다.

낮은 출산율

우리나라 1980년 이전에는 결혼한 가임기 모든 여성은 아이를 낳아 수유 중이거나, 혹은 혹은 임신해 배가 불렀습니다. "아들 딸 구분 없이 둘만 낳아 잘 기르자"하던 때이며, 세 번째 아이는 의료 보험도 적용되지 않았습니다. 남자들의 경우 정관 수술을 하면 예비군 훈련도 면제해 주었습니다. 출산율이 너무 높은 것이 문제였는데 한 세대가 지난 지금 우리나라는 세계에서 출산율이 가장 낮은 국가 중 하나가 되었다고 합니다. 저는 사회학자가 아니기 때문에 어느 정도가 우리나라의 적정한 인구수인지는 알 수가 없습니다.

그러나 인구가 줄어들고 있으며, 특히 노인 인구는 급격히 증가하고 태어나는 아이가 줄어든다고 하는 것은 사회 문제일 것입니다. 정부에서도 출산을 장려하는 여러 정책을 시도하고 있으나 출산율을 올리기는 역부족입니다. 그러나 이유야 어떻든 자녀를 낳고 양육하는 것은 축복이며 인생의 어떤 것과도 바꿀 수 없는 소중한 일입니다.

양육의 기쁨

자녀를 양육하면서 "내 논이 물들어 갈 때와 자녀 입에 음식 들어갈 때가 가장 행복하다"는 부모님 말씀을 경험했습니다. 밭의 곡식은 남의 것이 좋아 보이고 자식은 내 자식이 최고로 보였으며 이 아이가 커서 무엇이 될 것인지 무한한 상상도 해 보았습니다. 이제 1-2살 아이를 놓고 이 아이의 가족이 될 아내 혹은 남편은 어디서 태어나 누구에게 양육을 받고 있을까 상상하는 즐거움도 누렸습니다.

세상살이 직장에서는 궂은 일도 맡았고, 능력이 탁월하지 못해 상사에게 꾸지람도 들었으며 승진도 느렸지만, 집에만 오면 자녀에게는 우상이며 세상에서 최고의 사람인 것 같았습니다. 퇴근 후 아이와 함께하는 시간이 아이를 위해 놀아 주는 것이 아니라 오히려 어린아이가 나의 직장 스트레스와 세상살이 스트레스를 해소해 주는 시간이 되기도 했습니다.

갈등

자녀가 성장해 가면서 학교에서 성적표를 받아오고 사춘기를 지나면서 갈등의 시기에는 모든 것이 좋은 것만은 아니었습니다. 자녀가 이 험난한 세상에서 어떻게 살아갈지, 밥벌이는 하면서 살아갈지 걱정할 때도 있었습니다. 집에서보다 학교에서나 친구들과 더 많은 시간을 갖는 아이에게 부모로서 줄 수 있는 영향은 갈수록 줄어들었습니다. 자라면서 생각이 조금 커진 아이가 어쩌다 대화할 때면 정색하며 부모님과 대화하면 1분도 지나지 않아 가르치려는 내용이 있다고 지적합니다.

자녀에게 좋은 말로 교훈을 주거나 가르치려 했지만 실제로 도움 안 되는, 자녀인 자신도 잘 아는, 혹은 자신의 세대와는 다른 내용 등으로 가르치려고 하지 말라는 것입니다. 부모 눈에는 자녀는 항상 어리고 부족하며 뭘 모르는 것처럼 보입니다. 부모는 오랜 시간 삶과 경험으로 지혜를 얻었다고 생각해 자녀보다 더 아는 것처럼 생각하고 가르치려고 합니다.

또한, 부모는 보호자이며 필요를 채워 주고 경제적으로 도움을 줌으로 당연히 부모의 말을 들어야 한다는 무의식의 권위도 있었습니다. 이제는 모든 것을 내려놓고 자녀가 마치 배움을 마친 한 수도사가 스승을 떠나 하산하는 것처럼 더 이상은 가르침을 절제합니다.

어떤 분이 자녀가 만 19세 성년이 될 무렵 부모로서 잘못한 일들을 사과했다는 말을 듣고, 어렵게 마음 먹고 자녀에게 사과하고 싶으니 혹시 부모로서 잘못한 것이 있으면 알려 달라 했습니다. 물론, 지나가는 과정으로 사과할 내용이 없거나 혹 있더라도 직접적으로 표현하지 않을 것이라 기대했었습니다.

그런데 아이는 담대하게 몇 가지를 말합니다. 부당했던 체벌, 과도했던 언사, 너무 높은 수준의 기대 등입니다. 이제는 다 커서 성년이 된 자녀에게 진심을 담아 미안하다고 사과했습니다. 아이를 양육해 본 경험이 부족해 실수한 것이라고 이해를 부탁했습니다.

신앙 교육

성경이 우리에게 "다음 세대에게 하나님을 경외하고 예배하며 성경적 원리를 따라 살아가도록 가르치라"라고 명령합니다. 부모는 자신이 선택해 예수를 믿고 교회를 다녔는데 자녀는 모태 신앙으로 태어나면서부터 이미 자신의 선택이나 결정과 상관없이 기독교를 택하게 되었습니다. 주일날 학원이나 도서관보다 교회 예배에 가도록 했습니다. 중고등학교 때 주일날 학원을 택했던 아이들이 대학교 입학 후 교회로 돌아오는 자녀들을 별로 보지 못했기 때문입니다.

자녀들이 자신들의 생각이 성숙하게 되면서 신앙의 갈등이 생깁니다. 부모가 교회 다니니까 자녀도 교회 다녀야 한다는 말만으로 자녀에게 신앙을 갖게 하기는 어렵습니다. 기독교 신앙을 강압적으로 요구하면 종교의 자유가 보장된 우리 헌법에 위배되며 자녀는 오히려 기독교에 반감이 생길 것입니다. 말보다는 성경적 삶의 모습을 자녀들에게 보여 주어야 했는데 그렇지 못했던 적이 많습니다.

부모가 기독교인이며 예수님을 믿는 사람으로 어떤 삶을 사는지 가장 잘 아는 이들이 가족이며 자녀입니다. 부모가 교회와 집에서 살아가는 모습이 다르다면 자녀들은 혼란스러워할 것이며 신앙에 대해 회의를 갖는 것은 당연합니다.

하나님이 명령하신 다음 세대 자녀에게 기독교 신앙을 전수하는 가정에서도 교회에서처럼 믿는 자로서 신행일치의 삶으로 가능할 것입니다.

자녀를 위한 기도

자녀들이 다 자라 혹은 집을 떠나 더 이상 어떤 것을 해 줄 수 없을 때, 기독교인은 자녀를 위해 기도할 수 있습니다. 교회가 우리나라에 들어오기 전부터 우리 할머니들은 새벽에 깨끗한 물을 떠 놓고 알지 못하는 신 혹은 조상신에게 손을 모아 간절히 기도했습니다. 아마도 가족의 평안과 건강 그리고 자녀들의 복된 삶을 기도했을 것입니다.

제 부모님은 기독교인으로 기도하시는 분들입니다. 새벽마다 두 손 모으고 고개 숙여 기도하시던 부모님이 돌아가신 후, 제일 허전한 것은 저를 위해 기도하셨던 완벽한 내 편을 잃은 것입니다. 자녀를 위해 이제 제가 할 수 있는 것은 나보다 내 자녀들을 더 잘 아시는 하나님께 그들을 부탁하는 기도입니다.

4

믿음

　믿음의 사전적 의미는 "어떤 가치관, 종교, 사람, 사실 등에 대해 다른 사람의 동의와 관계 없이 확고한 진리로서 받아들이는 개인의 심리 상태"입니다. 기독교의 믿음은 '약속된 것이 그대로 이루어질 것으로 확신하는 것'입니다. 믿음이 있다 혹은 없다라고 할 때, 교회를 열심히 다니거나 혹은 선하고 착하게 사는 것은 믿음의 결과로 나타나는 삶의 방식이며 믿음의 행동일 수 있으나 믿음 그 자체는 아닙니다.

　성경은 많은 약속의 집합체이며 그 약속이 이루어질 줄 확신하는 것이 믿음입니다. 성경은 구약과 신약으로 구성되어 있으며 예수님 오시기 전에 쓰여진 책은 오래된 약속이라고 하여 구약, 예수님 오신 후에 기록된 책은 새로운 약속이므로 신약이라고 부릅니다. 하나님의 성실하심을 믿고 하나님 약속이기 때문에 하나님의 때에 하나님 방법대로 꼭 이루어질 줄 확신하는 것이 믿음입니다.

약속

구약성경에서 약속은 구원자 즉 메시야를 하나님이 보내실 것(초림, 처음 오심)에 대한 약속이며, 신약성경은 구약에서 약속하신 메시아가 예수 그리스도로 이 땅에 오셨음을 증거합니다. 예수님 자신이 성경에서 여러 차례 구약에서 약속된 그분, 오실 분, 메시아가 자신임을 증거합니다.

구약성경의 약속들이 자신의 고난과 죽음 그리고 부활을 통해 성취된 것이라고 하십니다. 신약성경에서 예수님은 지금 하나님 우편에서 우리를 위해서 기도하고 계시며, 언젠가 다시 오실 것(재림, 다시 오심)을 약속하고 계십니다. 성경과 하나님을 믿는다면 이 약속을 확신하는 것입니다.

믿음의 시작

신구약성경에 약속된 예수 그리스도의 오심에 대한 믿음의 시작은 자신이 죄인임을 인정하는 것에서 출발합니다. 착하고 선한 분들에게 "당신은 죄인입니다"라고 단정하거나 규정해 버리는 것이 너무 죄송하지만 성경은 예외 없이 모든 사람이 죄인이라고 합니다. 물론, 세상의 어떤 법도 어긴 적이 없으며, 법이 없이도 살아가실 분들이 계실 것입니다.

그러나 성경은 죄에 대해 말씀하실 때, 도덕적이고 양심적인 죄뿐 아니라 죄의 습성까지도 포함합니다. 구체적으로 죄악된 행동을 옮기지 않았어도 죄를 지으려는 내적 동기도 포함합니다. 살인이나 도둑질 등의 중범죄는 아니라도 시기, 자랑, 비방, 게으름, 어리석음, 불순종 등을 모두 죄라고 합니다.

태어난 지 얼마 안 된 아이가 욕심을 부리고 떼 쓰며 이기적 마음을 갖는 것은 누가 가르쳐 주었을까요?

우리는 근본적으로 죄 짓는 경향과 습성이 있으며, 이를 원죄라고 합니다. 성경에서 아담과 하와가 선악과를 먹어 모든 사람이 죄를 짓게 된 것까지 생각하지 않더라도, 우리는 누구에게나 죄를 지으려는 죄악된 습성이 있다는 것은 부인할 수 없습니다.

하나님이 말씀하시는 가장 큰 죄는 하나님을 떠난 것이며, 하나님과 상관 없이 창조의 목적을 저버리고 자기 자신이 좋은 대로 고집하며 행동하는 것입니다. 문제는 자신이 죄인인 것을 깨달아도 해결할 방법이 없다는 것입니다. 자신이 자신의 죄를 스스로 해결할 방법이 없으니 구약 시대에는 양이나 동물을 잡아 제사장이 속죄 제사를 대신 드렸습니다. 그리고 하나님이 최종적으로 계획하신 완전한 제사가 예수님이 피 흘리심으로 완성된 속죄 제사입니다.

성경에서 믿음이란 자신의 죄를 인정하며 대신 피 흘리신 예수님을 마음에 모셔서 들이는 것입니다. 믿음이 예수님을 마음에 모셔서 들이는 것이라니 일반적 의미와 너무 다릅니다.

행동하는 믿음

마음으로 믿는 것은 입으로 시인하며 행동으로 나타납니다. 우리나라 대통령 중 한 분이 '행동하는 양심'이라는 캐치프레이즈를 하신 적이 있습니다. 마음의 생각을 행동으로 나타내야 한다는 것입니다. 믿음이 있다고 하면서 삶에서 나타내지 않는다면 죽은 믿음, 즉 믿음이 없는 것과 같습니다.

예수님이 자신의 죄 값을 치르셨고 그분이 언젠가 다시 오심을 확신하는 사람이라면 행동이 달라집니다. 말로는 믿는다고 하며 교회는 열심히 다니지만 삶은 예수님의 가르치심과 전혀 상관없는 사람도 많습니다. 예수님께서 십자가에서 죽으심으로 죄사함을 받았다고 하면서 죄의식을 갖지 못하고 계속 죄를 짓는다면 믿음이 있는지 다시 확인할 필요가 있습니다.

어떤 사람이 진실로 믿음 있는 사람인지, 즉 예수님이 자신의 죄를 대신해 십자가에서 돌아가신 분으로 마음에 받아들였는지 속단하거나 확신할 수 없지만, 삶의 태도나 방식에서 그의 변화된 모습은 간접적 증거가 됩니다. 예수님은 언젠가 심판의 주님으로 다시 오신다고 하는데 이런 소망을 갖고 사는 사람에게 삶의 변화가 없을 수는 없습니다.

저를 포함해 믿는 많은 분이 말로는 믿음이 있다고 하면서 삶의 방식에서는 예수님이나 십자가 혹은 다시 오실 예수님을 의식하지 않고 살기 때문에 믿지 않는 분들에게 걸림돌이 되는 것 같아 너무 미안합니다.

믿음의 근거

그리스도인의 믿음의 근거는 '하나님의 계심'입니다. 하나님은 천지와 사람을 창조하셨고 지금도 그분의 큰 뜻 안에서 우리와 온 우주를 다스리고 계십니다. 세상에서 일어나는 모든 일, 즉 자연적인 일이나 인위적인 일, 혹은 우연이든 필연이든 발생하는 모든 일을 하나님은 알고 계시며 관여하고 계십니다.

하나님은 사람을 로봇으로 만들지 않으시고 자유 의지를 주시고 하나님과 동역하고 동행하기 원하십니다. 그러나 사람의 마음이 교만하고 악해 하나님을 버리고 스스로 무엇을 할 수 있다고 자만하고 착각합니다. 살아계신 하나님을 인정하는 믿음을 갖는 사람은 세상에서 얻을 수 없는 참된 평안과 기쁨을 경험합니다.

5

친구

 그리스도인은 좀 편협합니다. 세상의 약 70억 인구를 남자와 여자로 나누고, 연령으로, 민족으로, 언어로 다양하게 구분할 수 있을 것입니다. 그러나 교회를 오래 다닌 분에게 구분하라면 예수를 믿는 사람과 믿지 않는 사람 혹은 교회 다니는 사람과 다니지 않는 사람으로 나눌 것입니다. 아마 예수님을 믿지 않는 친구는 자신도 모르는 사이에 자신이 이렇게 구분되는 것이 많이 불편하고, 그런 구분을 사양할 것 같습니다.

 그러나 성경의 가르침은 이 세상 모든 것을 다 얻어도 복음을 모르면 무용지물이라고 말하며, 그 복된 소식을 전하고 나누라고 합니다. 우리에게 영원한 생명이 달린 최고의 가치가 복음이라면, 약간의 주저함 없이 복음을 전하려고 시도할 것입니다. 아마 여러분 주위에 진실한 기독교인 친구가 있는데 믿지 않는 친구에게 예수님 이야기를 하지 않는다면 그 친구는 전도의 기회를 찾고 있든지 혹은 진실된 기독교인이 아니든지 할 것입니다.

친구의 생각

가끔 친구들과 대화 시간을 갖습니다. 주제는 다양해서, '어떻게 연세가 많으신 부모님을 잘 모실까', '중년의 시기를 어떻게 잘 보낼 수 있을 것인가' 등 제법 주제가 도덕적이고 철학적입니다. 교과서적인 답은 있으나 서로 상황이 달라 의견이 모두 다릅니다. 각자가 개인의 의견을 말하고 주장할 때 몇 가지 생각이 들었습니다.

첫 번째, '친구들이 참 건전한 좋은 친구들이며 효자들이다'라는 생각입니다.
두 번째, 그 동안 말로 표현 잘 안 했지만 '각자 최선의 방법을 찾으려 애쓰고 고민하며 실천하는 인생을 살아가고 있다'는 것입니다.

제 친구들만이 아니라 세상의 모든 사람이 그럴 것입니다. 그러나 나를 포함해 친구들이 부모님께 아주 효도한다고 할 수 없으며, 또 세상살이를 아주 잘 살아가고 있다고 말하기도 어렵습니다. 서로에게 좋은 의견은 있지만 최선은 아니거나 혹은 실제 삶에 적용하기가 쉽지 않습니다.

종교에 대해서도 비슷합니다. 친구들은 자신들의 의견이 분명하고 저는 기독교의 관점에서 삶과 죽음을 말하며 내세의 삶에 대해서도 강조합니다. 친구는 세상은 진화되었으며 죽으면 모든 것이 끝이라고 주장합니다. 신앙인은 아니지만 언젠가 교회를 다닌 적이 있는 친구는 이럴 수도 저럴 수도 있다고 결론을 유보하기도 합니다. 기독교인인 저는 친구에게 친구를 포함해 모든 사람이 죄인이며, 예수님만이 구원의 길이라고 성경의 약속대로 말할 수밖에 없어 미안합니다.

친구의 말처럼 예수님 믿지 않았어도 착하게 살면 구원 받을 수 있고 천국 갈 수 있다면 말하면 저도 좋겠습니다. 너무 헌신적이던 우리 부모님 세대와 선조가 예수님이 이 땅에 들어오지도 않았을 때 복음을 듣지도 못했고 기회도 없었는데 그분들 모두 예수님을 몰라 구원 얻을 수 없다고 이야기하는 것이 기독교인인 저도 이해가 가지 않으며 그렇게 말하기도 정말 쉽지 않습니다.

그러나 성경의 원리와 해석은 오직 복음, 오직 예수님만이 구원의 길이라고 너무나 분명하게 강조합니다. 그것이 아니면 하나님의 아들 예수님이 세상에 오실 필요도 없었고, 십자가에서 돌아가실 필요도 없었습니다. 많은 순교자가 그 복음을 지키려고 목숨을 버린 것도 다 헛것이 되고 맙니다.

사람과 차원이 다른 창조주이신 하나님의 크신 섭리와 계획을 피조물이며 지능(IQ)이 150도 되지 않는 사람이 어떻게 다 이해하겠습니까?

단지 성경에 이해할 수 있게 기록된 것은 그렇게 믿고 이해되지 않은 내용이나 기록되지 않은 부분은 하나님의 섭리에 맡겨드리는 것입니다.

악인의 형통

친구가 강변하는 것은 하나님이 계시면 왜 악한 사람들이 형통하고 의인이 고난받느냐는 것입니다. 친구의 부모님은 선하고 착하며 평생 남을 위해 살다가 결국 병으로 고생하시다가 돌아가셨다고 합니다. 그러나 어떤 이웃은 예수님을 믿지 않으며 선함이라고는 찾아보기 힘든 데 부자로 살며 자녀도 잘되고 걱정 없이 살아가는 현실이 하나님이 계시지 않는다는 증거가 아니냐는 것입니다.

사실 저도 이해가 안 됩니다. 그렇지만 위로가 되는 것은 성경에서도 똑같은 질문이 몇 번 나옵니다. 성경 속의 저자도 친구와 같은 내용을 하나님께 질문합니다.

하나님은 대답하시기를 "나는 즉각적인 인과응보의 하나님이 아니라 오래 참는 하나님이기에 오늘날까지 네 자신이 이렇게 살아 있으며 또 한번의 기회를 주어 하나님을 믿는 기회를 얻게 한다는 것"입니다. 만약 악인을 즉시 벌하고 멸했다면 너 자신도 지금 이 자리에 있지 못할 수 있다는 것입니다. 물론, 이것이 그 친구에게 완전한 대답이 될 수 없으며 답답하기는 저도 마찬가지입니다.

최고 상품의 전달자

 친구가 원하든 원하지 않든 죄의 형벌과 심판을 생각하면 복음을 부인하는 친구는 안타깝습니다. 친구는 자신을 안타까워하면 할수록 우리 사이가 멀어질 것 같다고 합니다. 그럴지도 모르지만, 친구에게는 미안하지만, 성경에서 약속한 대로 친구를 위해 기도하고 기회가 있는 대로 복된 소식을 나누어야 하는 것이 먼저 믿은 제 운명입니다. 친구에게 복음 전달자로서 최고 상품인 복음을 전하면서 충분히 이해시키지 못해 미안하고 안타깝습니다.

6

죽음

 누구나 가끔 '나에게 주어진 시간은 언제까지인가', '나는 얼마나 살 수 있을까'에 대해 생각해 볼 것입니다. 초봄에 아름답게 벚꽃이 피고 질 때, 한창 삼복더위의 여름, 혹은 예쁘게 물든 단풍을 보는 가을 그리고 첫눈을 만나는 겨울에 나는 앞으로 몇 번이나 이 아름다움과 행복을 경험할 수 있을지 생각하곤 합니다. 마치 시한부 삶을 선고받은 환자처럼 말입니다.

 그러나 인간은 누구나 언젠가는 이생을 마감해야 하는 시한부의 삶을 사는 것입니다. 그날이 언젠가 될지 모르지만, 예외 없이 누구나 맞이해야만 하는 것이 이 세상과 이별해야 하는 그날, 바로 죽음의 날입니다. 나를 세상에서 떠나보내며 나를 기억했던 사람들도 언젠가는 세상을 떠나게 될 것이며, 우리 이름은 족보의 낡은 페이지나 혹은 인터넷에 저장되어 구글의 사이버 공간에나 있게 될지 모릅니다.

남은 자

내가 그렇게 사랑했던 자녀들은 또 치열하게 자신의 삶을 바쁘게 살아가며 나와의 기억은 점점 희미해질 것입니다. 아주 가끔 나와의 추억이 묻어 있던 비슷한 상황이 생기면, 이미 이 세상에 없는 나를 기억하며 조금은 그리워하고 미안한 마음을 가질지도 모릅니다. 평생 한번 안아보는 것이 소원이었던 회갑 무렵 태어난 손자, 손녀는 할아버지 이름도 기억하기 어려울 것입니다. 가족들 외 이 세상은 나의 존재 유무와는 아무런 상관도 관심도 없는 듯합니다.

이 세상에서 자신이 꽤 중요하고 꼭 필요한 존재라고 생각했다면 조금은 실망할지도 모릅니다. 소수는 조금 슬퍼할지도 모르지만 대부분 아무 일 없다는 듯 요란하게 잘 돌아갈 것입니다. 그러나 나의 죽음이 아무 일 없었던 것처럼 세상이 잘 돌아가는 것이 오히려 다행입니다. 나의 부재로 남은 어떤 사람들이 불편함을 겪는다면 이보다 더 큰 피해는 없을 것이기 때문입니다.

그날

그날, 내가 세상을 떠나는 날이 언제쯤 일지 관심은 있지만 구체적으로 알고 싶지 않습니다. 언젠가 떠난다는 것은 분명한데 그때와 시기는 알 방법도 없습니다. 한 개인의 죽음과는 약간 다르지만, 성경에서는 예수님이 세상을 심판하기 위해 다시 오신다고 약속하셨습니다. 이때를 인류의 종말쯤으로 생각해도 좋겠습니다.

당시 사람들이 예수님에게 마지막 때, 즉 심판의 날짜와 시간이 언제인지 궁금해 물었습니다. 예수님은 그때와 기한은 하나님이 정하신 것으로 그 누구도 모른다고 대답하셨습니다. 기독교인이라고 하면서 자신이 하나님 심판의 날을 안다고 하는 것은 모두 거짓입니다.

과거 '다미선교회'라는 모임에서 1992년 10월 28일을 예수님이 재림하시는 인류 심판의 날로 정해졌다고 주장했다가 거짓으로 판명되었던 것이 대표적 예입니다. 예수님은 심판은 정해졌지만 그날은 아무도 모른다고 하시면서 여러 가지 징조를 말씀해 주셨습니다.

그리고 예수님이 가신 지 2천 년이나 지났습니다. 아직까지도 심판 즉 예수님 재림이 없어 기다리다가 지치고, 혹은 예수님 말씀이 틀렸다고 주장하시는 분도 계십니다. 예수님 승천하신 지 20-30년도 되지 않았을 때 기록된 성경에서도 심판이 늦어지고 있다며 심판 자체를 부인하던 자들이 있다고 성경은 기록하고 있습니다. 당시 초대 교회에서 수십 년도 참지 못하던 사람들을 생각하면, 지난 2천 년 동안 그 약속을 믿고 아직도 성경의 마지막 때를 기다리는 기독교인들의 믿음은 대단합니다.

죽음의 복

사람이 왜 늙어가는지 노화에 대해 연구하는 사람들은 연구 목적이 수명을 늘리는 것이 아니라 건강하게 삶을 유지하면서 사는 것이라고 말합니다. 사람의 수명이 90세라고 하면 90세까지 건강하게 살다가 며칠 앓은 후 생을 마감하는 것입니다. 조금 섭섭할 것도 같으나 그렇게 죽음을 맞이하는 것이 복입니다.

임기를 마치고 물러나는 사람이 후임자에게 일을 물려주고 퇴임사를 하듯 잘 정리하고 갈 길 가는 것을 '고종명'(考終命)이라 합니다. 고종명은 사람이 바라는 오복 중 하나입니다. 노인의 시기와 죽음을 생각하면서 간절하게 기도하고 바라는 것은 무의미한 노년의 시간이 너무 장기간이 되지 않고, 고통스럽지 않고, 외롭지 않으며, 누구에게 부담되지 않고, 덕스럽게 생을 마감하는 것입니다. 큰 욕심 같지만 그렇게 기도하고 있습니다.

나이가 들어가면 사람의 모습은 조금씩 추(?)해지기도 합니다. 추해진다는 표현을 써서 죄송한데 유행가 가사처럼 성숙하고 아름답게 익어가는 과정입니다. 중년 여성이 젊은 여성처럼 되겠다고 과도하게 성형하거나 화장하며 치장하는 것은 정말 아름답지 못한 모습입니다. 아름답다고 하는 것은 균형과 조화를 이루어 보기에도 적절한 것입니다. 때에 맞게 아름답게 나이 들어가는 모습은 참으로 아름답습니다.

천국 소망

이 세상 살아갈 날이 점점 짧아지면서 그리스도인인 내게도 섭섭함과 두려움이 전혀 없는 것은 아니지만 언젠가부터 조금씩 소망이 생기는 것은 하나님 나라에 대한 것입니다. 천국은 분명하게 묘사될 수 없으나 이 세상보다 비할 수 없이 나은 곳임은 분명합니다. 현재보다 나은 곳이 있다면 가기를 마다할 이유가 없습니다. 아무리 좋은 다음 세상이 있다 하더라도 이 세상에서 할 일이 남아 있거나 혹은 사랑스러운 가족이나 친구들과 이별이 아쉽기에 이 세상에 더 머물고 싶은 것이 인지상정입니다.

그리스도인에게 죽음은 천국에 입성하는 축제입니다. 휴스턴서울교회 목사님과 사모님 장례식을 온라인으로 참여했는데 정말 축제처럼 장례식을 진행했고, 사모님은 떠나시기 전 남은 자에게 천국의 남문에서 만나자고, 시간을 정확하게 표현하지 않으셨지만 장소를 분명하게 밝히는 것을 보았습니다.

저도 그렇게 하고 싶습니다. 제 장례는 좁은 국토가 온통 묘지로 뒤덮이고 있어 수목장 정도면 좋겠습니다. 이 세상을 떠나고 더 시간이 흘러도 제사상은 전혀 필요 없지만, 기일을 기억하고 후손들이 서로 만나 우애를 돈독히 하는 시간을 갖기를 권유합니다.

제3부

삶

1. 시간
2. 사랑
3. 질병
4. 직장
5. 퇴직
6. 유언

1

시간

　시간은 공평해서 누구에게나 하루가 24시간이며, 인생은 대략 80-90년입니다. 누구도 하루 24시간을 더 길게 할 수 없으며, 아무리 많은 돈을 준다고 해도 자신에게 주어진 시간 외에는 불로장생할 수 없습니다. 모세는 벌써 3,500여 년 전에 "인생은 70년이며 강건해야 80년이라고 하면서 인생의 날들이 날아간다"라고 말했습니다. 시간을 아껴서 의미 있고 보람되게 사용할 수 있을 뿐 시간 자체를 길게 할 수는 없습니다.

　시간을 아낀다는 의미는 기회를 잘 잡아서 활용한다는 의미입니다. 세상의 많은 일이 그렇지만 한번 지나간 시간을 되돌릴 수는 절대로 없습니다. 1초 전에 일어난 대형사고에서 1초만 되돌릴 수 있다면 하고 후회하지만 불가능한 일입니다. 또한, 내일 무슨 일이 일어날지 아무도 모르고(단지 예상만 할 뿐이며) 오직 하나님만 아십니다.

시간의 착각

우리는 시간에게 속임당하는 것 같으며, 어떤 경우에 시간은 요술과 같습니다. 광주에서 서울 가는 2시간이 혼자 가면 너무 길게 느껴지지만, 친한 사람과 함께 가면 금방 가는 것 같습니다. 재미있는 일을 하거나, 주어진 시간에 중요한 문제를 해결해야 할 때는 시간이 정말 빨리 지나가지만, 힘들고 지루한 기다림의 5분은 너무 길게 느껴집니다.

하루, 한 주, 혹은 한 달은 꽤 긴 기간 같은데 지난 몇 년은 쉽게 지나가 버린 것 같습니다. 30대 젊은이도 자다가 잠을 깨어 보니 어느새 2명 아이의 아빠가 되어 있었다는 말을 들은 적이 있습니다.

동일한 시간 혹은 기간이 상황이나 조건에 따라 너무 다르게 느껴지는 것이 시간입니다. 시간을 잘 사용하는 사람은 시간 사용계획표(Do list)를 작성하거나 시간 혹은 날짜별로 어떤 목표를 정하고 성취해 나가기도 합니다. 혹은 매일 일기를 쓰며 하루하루를 계획하고 반성하며 개인의 역사를 기록하고 남기는 것도 좋겠습니다.

시간의 힘

시간은 지나가면서 다양한 결과를 만들어 내지만 시간이 흘러가는 것 자체는 원인도 결과도 없으며 어떤 에너지 소비도 없습니다. 강물이 흐르는 것을 자연적이라고 하지만 물의 위치 에너지가 높은 곳에서 경사가 낮은 곳으로 흐르는 것입니다. 그러나 시간이 지나간다거나 흘러간다고 하지만 누가 흘러가게 한 것이 아닌 그냥 가는 것입니다.

지나가는 시간을 안타까워하며 나이가 들어가는 것을 슬퍼하기도 하지만 흐르는 시간의 장점도 많습니다. 아픈 기억이 시간에 묻혀 희미해지는 것이 그렇고, 마음에 있는 부담과 짐이 시간이 지나면 가벼워지는 것이 그렇습니다. '시간이 약'이라는 표현이 딱 그렇습니다. 사람도 시간이 지나 나이 들면 철이 든다고 합니다. 경험이 쌓이고 사람 됨됨이가 갖추어지는 것 역시 지나가는 시간의 힘입니다.

시간의 단위

시간의 단위는 자연이 정한 이치이며 인위적이지 않습니다. 하루는 24시간 동안 해가 뜨고 지는 시간이며, 한 달은 30여 일로 달이 차고 기우는 시간이며, 일 년은 계절이 순환되어 사철이 다시 시작되는 것입니다. 그러나 일주일의 7일이 인위적으로 생각되는 것은 자연이 7일로 나누어지지 않기 때문입니다.

시간의 단위 중 우리 삶을 가장 단단하게 고정하는 것은 밤과 낮으로 구성된 하루와 주말에 쉬는 일주일 단위라고 생각되는데, 누가 7일을 일주일로 했을까요?

한 주일, 즉 7일은 성경의 숫자이며 하나님이 6일 동안 일하시고 7일째 쉬셨습니다. 7일째 쉬는 날을 안식일이라 하며, 안식일에는 쉬면서 하나님을 기억하는 것입니다. 십계명 중 제4계명이 안식일을 지키라는 것입니다. 아마 일주일 즉 7일은 성경의 개념으로 생각되며, 성경에서 쉬는 날을 지정한 것은 당시 노예들, 즉 약자에게 쉼의 기회를 주기 위함도 있었습니다.

성경 속의 안식일은 지금의 금요일 오후 해질 때부터 토요일 해질 때까지라고 하며, 안식교 교인들은 지금도 구약 시대 안식일을 지키며 중요하게 여기지만, 개신교에서 일요일을 주일이라고 하며 주일날에 예배를 드리는 것은 예수님이 안식일 후 첫날(일요일, 주일) 부활하셨기 때문입니다.

기독교에서 예수님이 태어나시고(성탄) 십자가에서 돌아가시고 부활하신 것(부활절)은 교리의 핵심입니다. 또 다른 인위적인 시간 나눔은 기원전(B.C. Before Christ)과 기원후(A.D. Anno Domini, year of the Lord, 주의 해)로 나눈 것입니다. 역사의 시간에서 가장 큰 분수령이 B.C. 혹은 A.D.로 나누는 것을 보면 예수 그리스도가 우리 역사에 미친 영향은 지대합니다.

물론, A.D.와 B.C. 역사를 사용하기보다 부처의 연도(불기), 혹은 단군의 연도(단기)를 사용하시는 분들도 계시기에 기독교가 시간의 중심이라고 주장하는 것은 아닙니다.

크로노스와 카이로스

시간은 크로노스(chronos)와 카이로스(kairos) 시간이 있습니다. 크로노스 시간은 우리가 생각하는 연대별 시간이라면 카이로스는 특별한 의미가 부여된 시간입니다. 지나간 시간은 크로노스 시간이지만 나에게 특별했던 시간은 카이로스 시간입니다. 나이가 들어가면서 시간이 너무 빨리 지나간다고 하는 것은 카이로스 시간, 즉 개인에게 특별하며 의미가 부여된 시간과 경험이 부족하기 때문일 수도 있습니다.

크로노스든 혹은 카이로스든 하나님의 시간과 사람의 시간 개념에 차이가 있는 것은 너무 당연합니다. 성경에는 사람에게 하루가 하나님에게는 천 년 같고, 사람에게 천 년이 하나님에게는 하루 같다는 표현이 있습니다. 하나님이 각 개인에게 주어진 인생의 시간에 최선을 다해 살아가며 하나님과 함께함으로 크로노스의 시간을 카이로스의 시간으로 만드는 것이 그리스도인의 책임입니다.

2

사랑

　이성에 대한 사랑은 호르몬의 영향입니다. 사춘기가 되어 건강한 남성과 여성은 적당한 호르몬 작용으로 이성에 대해 관심 갖게 되며, 사랑을 노래하는 시나 유행가 가사가 깊이 다가옵니다. 부모님에 대한 사랑은 경험으로 확인됩니다. 험준한 세상에서 잘 버티고 자리잡기까지 부모님의 희생을 기반으로 한 사랑이 자원이 되었습니다. 부모가 되고 나서야 부모님 사랑이 어떤 것인지 실감합니다.

　성경에서 말하는 사랑은 전인격적입니다. 사랑은 항상 오래 참고, 온유하며, 믿고, 참으며, 견디는 것입니다. 시기하지 않고, 자랑도, 교만도 하지 않는 것이며, 사랑이 없으면 믿음도 어떤 희생도 아무것도 아니라고 합니다. 성숙한 인격적 삶 전체가 사랑입니다. 성경은 사랑을 강조합니다. 말로만 사랑한다고 하지 말고 행동과 진실함으로 사랑하라고 합니다. 사랑은 그리스도인의 증거이며 서로 사랑하는 것이 예수님 제자 됨의 증거입니다.

하나님의 사랑 1

하나님의 대표적 속성 두 가지는 공의와 사랑입니다. 수레의 두 바퀴처럼 공의와 사랑은 균형과 조화를 이룹니다. 공의의 하나님은 죄를 그냥 지나치지 않으시고 심판하시며, 사랑의 하나님이시기 때문에 오래 참고 기다리시며 용서하십니다. 하나님이 어느 때 누구를 심판하시며, 언제까지 기다리시고 용납하시는지는 알 수 없습니다. 하나님 사랑은 영원하고 완전하며 무궁하시기 때문에 그분의 심판까지도 사랑에서 기인한 것으로 믿습니다.

하나님의 공의와 사랑은 편파적이지 않습니다. 약속의 땅 가나안을 정복할 때 이스라엘에 전쟁으로 맞선 원주민들이 많이 죽임당한 것처럼, 선택받은 이스라엘 백성도 나라를 잃고 홀로코스트 대학살, 1,500년 기간을 나라 없는 백성으로 혹독한 값을 치르게 하셨습니다.

심판의 하나님, 공의의 하나님이 우리가 회개하고 하나님께 돌아올 때 무한한 용서로 사랑을 보여 주십니다. 불량자 아들이 미리 받은 유산을 탕진하고 돌아왔을 때, 아들을 간절히 기다리던 아버지는 먼 발치에서 가장 먼저 알아봅니다. 용서를 구하는 아들에게 맨발로 달려가 목을 껴안고 반가워하며 용서한다고 말씀하셨습니다.

집 나간 자식이 돌아오기를 간절히 기다리며 마을 입구에서 눈을 떼지 못하는 마음이 하나님 아버지의 심정입니다.

세상에서 어떤 비방을 받아도 나를 기다리시는 분이 사랑의 하나님이시며, 지금도 하나님은 우리가 회개하고 돌아오기를 기다리십니다.

하나님의 사랑 2

 죄가 무엇인지 몰랐고, 죄의 결과가 어떤 것인지 깨닫지 못했습니다. 예수님이 필요하다고 생각해 본 적도 없고, 요청한 적은 더더욱 없습니다. 선하고 성실하게 살면 인생의 마지막은 당연히 좋은 결과가 있을 것이라고 생각했습니다.
 물론, 가끔 양심의 가책을 받기도 하고 죽은 후에는 어떻게 될까 두려운 적이 있었지만 부모님이나 선생님 말씀도 잘 들었고 무슨 일이든 성실했으며, 특히 누군가 어려움에 처하면 먼저 도우려고 했습니다. 나는 그래도 괜찮은 사람이라고 스스로 생각했으며, 하나님의 아들을 희생시킬 만큼의 잘못은 없다고 생각했습니다. 그러나 죄가 어떤 것인가와 그 죄의 결과가 무엇인지 알았을 때 하나님 앞에서 자신의 절대 무능을 깨달았습니다.
 죄인인 인간은 아무것도 할 수가 없습니다. 스스로 자신의 죄를 해결할 수 없을 때, 예수님이 나의 죄를 대신해 줄 수 있다는 것은 참 좋은 소식(복음, Good News)입니다. 단순히 좋은 소식이 아닌 하나님 사랑으로 말미암은 구원의 소리입니다.

기독교와 다른 종교의 가장 큰 차이는, 다른 종교는 사람들이 숭배의 대상인 절대자를 찾는 것이라면, 기독교는 하나님이 먼저 우리를 찾아오신 것입니다. 말로 표현하기 어렵고 설명하기 쉽지 않지만 자신의 하나밖에 없는 아들을 우리를 위해 주셨습니다. 하나님이 자신의 아들을 주실 만큼 우리를 사랑하신 것이 복음이며 기독교의 근본입니다.

사랑의 계명 1

하나님 사랑으로 용서를 경험한 우리에게, 예수님께서 요구하시는 것은 하나님을 사랑하는 것입니다. 하나님을 사랑하는 것은 하나님과 더 많은 시간을 보내며 그분을 기쁘게 해 드리는 것입니다. 사랑에 빠진 청춘들이 더 많은 시간을 갖고 상대방을 기쁘게 해 주고 싶은 것과 같은 이치입니다.

하나님은 말씀으로 자신을 나타내 주시며, 그리스도인은 기도로 하나님께 화답합니다. 사랑하는 사람과 데이트를 기다리듯 교회의 예배 참여가 즐거워지는 것은 그 시간이 사랑하는 하나님을 만나는 시간이기 때문입니다. 하나님을 더 알아가기 원하고, 하나님을 경외하며 하나님이 기뻐하지 않는 죄는 철저히 미워하도록 할 것입니다. 음행, 도둑질, 살인, 간음, 탐욕, 악독, 비방, 교만, 우매, 속임, 음란, 질투 등 마음 안에 있는 죄를 경계할 것입니다.

이런 죄 때문에 예수님이 십자가에서 돌아가셨기 때문입니다. 말씀대로 살아보려고 하는 것은 그분의 사랑을 경험했기 때문입니다.

사랑의 계명 2

하나님을 사랑하는 것이 첫 번째이며, 다음은 이웃을 내 몸처럼 사랑하는 것입니다. 하나님 사랑과 이웃 사랑은 모든 계명의 완성이라고 하셨습니다. 제일 가까운 이웃은 가족과 친척입니다. 내 가족과 친척에서 시작한 사랑으로 이제는 어려운 이웃, 도움이 필요한 분에게 관심 갖게 됩니다. 기독교인은 이들을 위해 기도하며 필요를 채우고 사랑을 실천해야 합니다.

또한, 하나님은 고아, 과부, 나그네를 도우라고 하십니다. 그들이 예수님의 또 다른 모습이며 사랑의 기회를 주려고 그분들을 보내셨습니다. 우리는 하나님의 큰 사랑과 은혜를 입었기 때문에 이웃을 위한 사랑의 실천은 마땅하며 작은 것입니다. 예수 그리스도로 말미암아 용서받았으며, 천국 시민이 된 복된 소식이 나로부터 시작해 주위로 사랑을 타고 퍼져나가게 될 것입니다. 감추어졌던 천국 보배는 나눌수록 더 가치가 배가 되는 것을 경험하며, 하나님 사랑을 깨닫는 그리스도인이 된다는 것은 자신과 이웃 모두에게 축복입니다.

3

질병

 생로병사, 사람이 태어나서 나이가 들어가고 병이 생기며 언젠가 죽음을 맞이하는 것은 자연스러운 과정입니다. 새로 지은 멋진 건물에는 병원이 들어서고, 대학 병원 등 대형 병원은 주차가 어려울 정도로 환자가 넘쳐납니다. 예수님이 세상에 오셔서 가장 많이 하신 일 중 하나가 여러 종류의 병든 자를 치료해 주신 것입니다. 불과 얼마 전에는 불치병으로 간주되던 질병이 과학과 의학이 발전해 치료의 길이 열렸으며, 항생제나 백신 등으로 인류는 더 건강한 삶을 보내고 있습니다.

몸의 병

 모든 질병을 죄의 결과라든지 혹은 하나님의 형벌이라고 단정하는 것은 비성경적입니다. 물론, 자신이 건강 관리를 잘못해 질병을 갖게 되었다면 비난 받을 수도 있겠습니다.

혹은 하나님의 계획과 뜻이 있어 질병을 허락하시기도 할 것입니다. 예수님을 믿는 사람들 중 질병이 있을 때 복음을 듣고 예수님을 믿게 된 경우도 많습니다.

몸이 아프면 마음이 겸손해집니다. 세상에 자신감을 갖고 조금은 교만한 마음이 들었던 사람도 내 몸이 아프면 자신이 얼마나 나약한 존재인지 다시 생각하게 됩니다. 나이 들면 구급차(ambulance)를 타고 응급실에 실려 가는 경우도 생기고, 혹 여러 질병으로 진료받을 기회가 더 많아집니다.

병원에서 여러 검사 결과를 기다리며, 혹은 의사 앞에서 질병에 대해 상담할 때 자신이 얼마나 작아지는지 경험합니다. 병 고치는 의사도 마찬가지입니다. 의사도 몸이 아파 검사받고 다른 의사에게 진료받을 때 비슷한 감정을 경험할 것입니다.

더욱 자신이 아닌 자녀의 몸이 아플 때는 어떤 값을 치르더라도 낫게 해 주고 싶고 대신 아파 주고 싶은 마음이 부모 마음입니다. 교만해지기 쉬운 사람에게 질병은 겸손을 가르쳐 주는 도구입니다. 겸손은 하나님을 발견하고 인정하는 최고 덕목이기 때문입니다.

혹 아무리 좋은 약이나 그 어떤 의술보다 우리 몸이 스스로 치료되는 것을 보면서 사람 몸의 신비로움을 발견하는 기회가 될 수 있습니다. 하나님께 기도하며 치료의 은혜를 입고 예수님을 믿는 경우도 많이 있습니다. 하나님이 우리를 구원하는 도구로 몸의 질병을 사용하시는 것을 알 수 있습니다.

마음의 병

과학과 의학이 발전하면서 우리 몸에 대해서는 상당 부분 해석이 되고 미세구조도 파악되며, 세포와 분자 수준에서 형태와 기능을 발견했습니다. 물질들이 발견되고 질병의 원인이 파악되며 치료제 개발에 획기적 발전을 이루었습니다. 그러나 사람에게는 물질로 구성된 몸뿐 아니라 분자나 원자의 구성이 아닌 마음이 있습니다. 의식과 무의식을 담고 있는 마음을 연구하기도 하지만 몸의 연구에 비하면 너무 어렵고 아직은 미미합니다.

좋은 음식을 보충하며 유기농이라고 하면 더 비싸더라도 투자합니다. 그렇게 몸(flesh, body)을 위해서는 많이 투자하는데 자신의 마음(soul, mind)에는 관심이 많지 않습니다. 정기적으로 헬스장에 가서 열심히 운동해 몸을 만들지만 자신의 마음 건강에 대해서는 관심이 적습니다.

'마음먹기에 달렸다'고 자신이 다스릴 수 있다고 생각하지만, 최근의 우울증 혹은 스트레스로 인한 환자 증가를 보면 마음 건강을 유지하는 것이 더 어렵습니다. 마음에 병이 생기면 몸에 병이 든 것보다 훨씬 심각하고 치료하기도 어렵습니다. 성경은 "무릇 지킬 만한 것보다 너의 마음을 지키라"하시면서 "마음이 생명의 근원"이라고 하십니다.

영의 병

성경은 사람은 몸과 마음 그리고 영(spirit)으로 구성되어 있다고 합니다. 오직 사람에게만 영이 존재합니다. 하나님은 천지와 생명체를 창조하실 때, 모든 피조물을 말씀으로 창조하시면서 오직 사람에게만 영을 불어넣으셨습니다. 영적 존재인 사람은 영이신 하나님을 찾고 예배합니다. 사람에게 몸과 마음 그리고 영을 어떻게 구분하는지, 그 역할은 무엇이며 우리 몸의 어느 부분에 속해 있는지에 대해서는 더 공부가 필요합니다.

살아 있는 생명에서 몸과 마음과 영을 분리할 수는 없습니다. 사람에게 영은 하나님과 관계된 영역이며, 하나님만이 채우실 수 있습니다. 영이 있지만 공허하기도 하고, 혹은 병들어 있지만 의학적으로 진단할 수 없고, 치료법도 없습니다. 휴식, 영양 보충, 양약으로 건강한 몸과 마음을 만들어 가듯 하나님이 주신 영도 관리와 회복이 필요합니다.

영의 회복

예수님이 세상에 오신 목적은 영의 회복을 위함입니다. 예수님이 많은 사람의 질병을 치료해 주신 이유도 영적 필요를 보여 주기 위함입니다. 몸이 병든 환자가 병원을 찾듯 영이 병들고 힘이 들 때는 우리에게 영을 주신 하나님을 찾아야 합니다. 예수님이 우리에게 보여 주신 진정한 필요는 영의 회복입니다. 예수 그리스도로 말미암아 하나님과 동행하며 영적 필요가 채워질 때, 진정한 기쁨이 있고 예배가 감격이 됩니다.

건강한 영을 가진 사람은 죄에 민감하며 죄에서 떠나 멀리하고 하나님 나라를 소망합니다. 자신을 거룩하고 구별되게 지키며 세상의 빛과 소금으로 살아가고 이웃의 유익을 구하게 될 것입니다. 건강한 영을 가진 사람이 복의 근원이며 축복의 통로가 될 것입니다.

4

직장

 삶에서 가장 많은 시간을 보내는 곳이 직장이며 일터입니다. 일주일 168시간 중 근로 기준법이 정한 52시간을 직장에서 보낸다고 하더라도 삶의 30퍼센트의 시간을 근무지에서 일하며 보내는 것입니다. 근로 기준법이나 기본 노동법에 보장을 받지 못하는 일용직, 계약직 근로자들은 더 많은 시간을 일하고 있습니다.

수입과 직업

 '목구멍이 포도청'이라는 말은 "먹고 살기 위해서는 포도청(경찰)에 끌려가더라도 못할 일이 없다"는 의미입니다. 직업을 갖는 가장 현실적 이유는 생활비를 마련하고 가족들의 경제적 필요를 채워 주는 것입니다. 그것이 경제적으로 어려우신 분이 힘들고 위험하며 스트레스가 높은 환경에서 계속 일해야 하는 이유입니다. 미래의 경제적 자유를 위해 열심히 저축이나 투자를 하기도 합니다. 경제적 필요만 채워진다면 노동소득원인 직장을 그만 두겠다고 하시는 분들이 많습니다.

파이어족(FIRE, Financial Independence Retire Early)이 대표적 예라고 할 수 있습니다. 자신이 하는 일을 통해 경제적 필요를 채움 받는 것은 중요한 이유입니다. 또한, 안정된 직업은 행복한 삶의 요소이며, 자존감을 높게 합니다. 직업을 통해 자아를 실현하고 성취할 수 있으며, 자신이 잘하는 일, 잘 할 수 있는 일로 다른 사람에게 유익을 끼치며 공동체를 건강하게 세워갑니다.

경쟁

우리나라는 유독 교육열이 높습니다. 아이가 공부를 잘하기 위해서는 어머니의 학원 정보력과 조부모의 경제력이 필요하다고 합니다. 비단 우리나라뿐만 아니라 아이를 1-2명만 낳는 중국도 자녀 교육에 대한 열정이 대단합니다. 자녀에게 어려서부터 영어유치원을 보내고 고액 과외를 하는 이유는, 결국 좋은 대학에 입학시켜 안정되고 좋은 직업을 갖게 하려는 것입니다.

좋은 직업이란 전통적으로 사회적으로 존경받으며, 수입이 안정되게 보장되는 직업입니다. 흔히 전문직으로 판검사 혹은 변호사가 되거나 의사나 고위직 공무원이 되기를 소망합니다.

'각 개인의 소질이나 은사를 계발'해 주는 것은 교육부의 표어이지만, 현실과는 차이가 많습니다. 아이가 특별히 좋아하는 어떤 일이 있어도 장래에 그 일로 안정되게 먹고 살 수 있는지에 관한 경제적 안정이 더 관심입니다. 표어는 '개인의 소질을 계발하는 것'이지만 실제는 '경쟁에서 이겨서 1등급 받아 최고 대학에 가장 인기 있는 학과에 진학하는 것'입니다. 좋은 대학과 학과, 좋은 직업, 좋은 결혼, 행복한 삶은 비교적 비례하며 서로 깊은 연관이 있기 때문입니다.

문제는 1등급은 소수이며, 좀 심한 표현으로 1등인 1명만 행복하고 나머지는 모두 행복하지 않다는 의미일 수 있습니다. 우리 자녀들인 다음 세대는 공부라고 하는 몇 가지 잣대로 경쟁하지 않고, 자신이 좋아하고 잘 하는 일을 하면서 의미 있게 살면 좋겠습니다. 활발하게 토의되고 있는 전 국민 고용 보험 제도를 잘 보완해 모든 국민이 최소한의 경제활동과 수입을 보장받는 사회를 꿈꾸어 봅니다.

그리스도인에게 직업

기독교인들에게 직업은 또 다른 의미가 있습니다. 하나님이 일을 허락하시고, 직장으로 보내셨으며, 그 일을 통해 하나님을 섬기고 이웃을 사랑하는 기회로 삼는 것입니다. 많은 그리스도인이 성경대로 살지 못해 비난의 대상이 되고 있지만, 그리스도인들에게 있어 직장이란 세상에서 빛과 소금의 역할을 해 하나님께 영광을 돌리는 기회입니다.

직장이 자신의 출세나 명예만을 추구하는 곳이 아니며, 사업의 목표가 최대 이익 추구만이 되어서는 안 됩니다. 조금은 천천히 발전하더라도 혹은 조금 손해를 입더라도 하나님께 영광이 되며 혹은 이웃을 사랑하는 기회가 된다면 충분합니다.

선교사가 복음 들고 타 문화권 선교지로 나가듯 그리스도인에게 직장은 하나님이 보내신 사역지입니다. 성경 창세기에 요셉이라는 인물이 나옵니다. 요셉은 형들의 살해 음모로 17세에 애굽 상인에게 종으로 팔려가서 죽을 만큼 힘든 노예생활과 감옥생활을 했습니다.

그러나 그는 종의 신분에서 출발해 30세에 애굽 총리가 되기까지 하나님을 인정하며 자기 일에 성실했습니다. 약 39세에 형들을 다시 만났을 때, 자신을 애굽의 종으로 보낸 분은 형들이 아니라 하나님이라고 고백하며 형들을 용서하는 감동적 장면이 있습니다.

특별한 경우이긴 하지만, 요셉은 상황에 상관없이 자신의 위치와 업무 속에서 하나님을 의지하며 도우심을 구했습니다. 신약성경에 나오는 인물 중 세례 요한은 지금으로 말하면 종교지도자였습니다. 자신에게 세례를 받던 사람들이 많앉았었는데 예수님이 오신 뒤에는 사람들이 예수님에게로 몰려 갑니다.

세례 요한은 "그분 예수님은 흥하여야 하겠고, 요한 자신은 쇠약해져야 한다"라고 말했습니다. 비록 자신은 점점 영향력이 약해지고 사람들에게 인기가 없어지지만, 예수님이 높아지고 하나님 나라가 확장되면 된다고 말합니다. 기독교의 기본 정신은 정직과 성실입니다. 무슨 일을 하든지 하나님께 하듯 하라고 하시면서 일하기 싫어하거든 먹지도 말라고 경고하십니다. 직장에서 자신의 선한 인격으로 그리스도의 영광이 나타내야 하며, 기회 있는 대로 천국 복음을 전해 하나님 나라를 확장해야 합니다.

5

퇴직

명예 퇴직

아내가 몇 년 전 명예퇴직을 했습니다. 초등학교 교사 퇴직 지원서를 교육지원청에 제출할 때 담당 장학관이 "훌륭한 교사가 퇴직하게 되어 서운하다"라고 말하면서도 반갑게 조기 퇴직 지원서를 받은 것은, 발령받지 못한 한 명의 젊은 교사 자리가 확보되기 때문일 것입니다. 조금 힘들더라도 직장생활을 계속하면서 경제적 여유를 누리거나, 남는 물질로 이웃을 섬길 수도 있고, 직업을 갖는 것이 꼭 월급 때문은 아닐 것이라고 만류하는 분들도 계셨지만 건강이 최우선이라고 판단했습니다.

20년을 꼬박 근무한 터라 퇴임 초기에는 학교에서 아이들을 가르치는 꿈을 꾸기도 하고, 월급날이나 수당을 받는 날이면 동료들을 부러워(?)하기도 했으나 1-2년 지나면서 더이상 생각나지 않는 것 같습니다. 아내는 연금이 많지는 않지만 자족하며, 지금은 자신이 좋아하는 교회 일에 열심히 참여하며 행복해합니다.

하직, 고종명

이제는 제 차례입니다. 정년 퇴직이 얼마 남지 않아 몇 년 남았는지 계산하다가, 10년 이내에는 싱글(digit) 남았다고 했다가, 지금은 몇 개월 남았는지 계산합니다. 아직은 충분히 일할 수 있을 만큼 건강하고, 경험을 통해 공동체에 도움을 줄 수 있는데, 단지 나이 들었다고 직장에서 쫓겨나가는 것 같을 수도 있습니다. 그러나 젊은이들을 위해 세대를 교체해 주는 것이 자연의 원리요, 순리임을 인정합니다.

20-30년을 한 곳에서 직장생활을 했더라도 칼로 무를 자르듯 어느 한 날에 더 이상 근무자로 그 곳에 출근할 수 없으니 퇴직한 지 하루만 지나도 사무실이 낯설게 느껴질 것입니다. 퇴직은 사회가 정한 나의 정규직 노동을 멈추게 하면서, 미래의 또 다른 멈춤인 죽음을 생각하게 합니다. 퇴직과 죽음을 비슷하게 생각하는 것은 하직(下直)이라는 단어에서 알 수 있습니다. 하직은 '직을 내려놓다'는 뜻도 있지만 '이생을 마감하다'라는 의미도 있습니다.

또한, 임기를 마치고 물러나는 사람이 후임자에게 일을 물려 주고 퇴임사를 하듯이, 총정리를 하고 갈 길을 가는 것을 고종명(考終命)이라고 하는데 이것은 '복된 죽음'으로 표현되고 있습니다. 자신의 의지와 상관없이 준비가 되었든 되지 않았든 그동안 동고동락과 공동의 목표를 추구했던 위치에서 자신이 배제되고 열외가 되는 점에서 비슷합니다.

정년퇴임으로 직장을 떠나면서 언젠가 경험할 이 세상을 떠나는 (죽음) 연습을 하게 됩니다. 지금까지 필요했던 사무실의 모든 것, 나의 전공이 더 이상 필요하지 않을 수 있습니다. 이전과는 완전히 다른 신분과 위치에서 살게 되는 점이 죽음을 맞이하는 것과 비슷합니다.

그러나 퇴임은 특별한 날이 정해져 있고 혹은 나 자신이 결정할 수 있지만, 죽음의 그날은 그렇지 않습니다. 퇴직은 아름다울 수도 있으나 죽음은 아름답기가 쉽지 않으며, 퇴직 후 삶은 선배들이 어떻게 사는 모습을 통해 잘 준비할 수 있으나, 죽음 후에 대해서는 아무도 보여 주지 않으니 준비가 쉽지 않습니다.

타이어를 갈아 끼우다(Re-tire)

퇴임을 하게 되면 여유로운 많은 시간, 노후의 경제문제, 자녀 독립, 건강 상태, 주위 사람들과 원만한 관계 등에 대해 생각하고 준비합니다. 더 준비성이 있는 분들은 여러 가지로 퇴임 후를 준비하거나 혹은 영원한 직장은 없다고 하면서 새로운 직장을 찾기 시작하시는 분도 계십니다.

어떤 분은 지금까지는 해야만 하는 일에 시간을 쓰면서 살았다면, 이제는 하고 싶은 일을 하기 위해 re-tire, 즉 타이어를 교체하시는 분도 계십니다. 그 동안 배우고 싶었던 것을 배우며 취미생활, 사회 활동이나 시민운동 등에 참여할 수 있겠습니다.

또한, 재능 기부를 하거나 자원봉사 활동을 한다면 사회의 윤활유가 될 것입니다. 어떤 분은 시대가 요구하는 정신을 갖고 활동하라고 말씀하십니다. 좀 거창한 이야기지만, 일제 강점기였다면 독립운동에 참여하는 것이며, 전쟁 중이라면 나라를 위해 싸우거나, 민주화 투쟁 중이라면 민주화운동에 도움을 주고, 남북이 대치하고 있는 상태라면 북한 문제에 관심을 갖고 자신의 역할을 할 수도 있을 것입니다. 시대정신을 말하며 나라를 구하는 일까지는 아니더라도 나의 작은 능력과 힘을 이 시대가 필요로 하는 일에 사용하는 것도 좋겠습니다.

예를 들어, 탈북민을 위한 새터민 돕기, 고려인 마을을 위한 봉사, 혹은 다문화 가정을 위한 봉사 기회를 갖는 것 등입니다. 이런 점에서 교회는 퇴직하신 분들을 위한 봉사의 장을 잘 마련하고 있습니다. 많은 교회가 사회봉사 프로그램을 만들고 자원자를 모집하고 있으며, 재능 기부를 기다리고 있습니다.

그리스도인에게 하나님 일에는 퇴직이 없습니다. 지금은 97세인 미국의 카터 대통령은 대통령 퇴직 후 교회에서 주일 학교 교사를 했으며, 무주택자를 위한 사랑의 집짓기운동을 하면서 대통령 재임시보다 더 존경을 받기도 했습니다.

부산의 수영로교회에는 100세가 되신 어르신이 구역장으로 구역원들을 섬긴다는 이야기도 들었습니다. 퇴직했다고 혹은 나이가 들었다고 안일하게 보낼 수 없습니다. 오늘 나에게 주어진 하루는 축복이며 가장 소중한 날 중 하루이기 때문입니다.

6

유언

　마지막으로 남기는 말이 '유언'입니다. 일반적으로 '생을 마치면서 이별의 마지막 순간에 남아 있는 분들 특히 가족과 자녀에게 해 주는 말'을 일컫습니다. 아마도 그 내용은 평생의 삶에 대한 요약일 수 있으며, 다음 세대나 남아 있는 자에게 꼭 전달하거나 부탁하고 싶은 말일 수 있습니다. 또한, 남기는 재산이 있다면 어떻게 분배하고 사용할지도 기록할 수 있습니다. 실제 당장 이 세상을 마감하지 않더라도 유언을 써 보는 것은 이생을 마감하는 연습이며, 매일의 삶을 어떻게 맞이할 지 마음을 다잡게도 합니다.

예수님의 유언

성경에는 두 번의 예수님 유언이 있습니다.

첫 번째 유언은, 십자가에서 돌아가시면서 "다 이루었다"라고 하시면서 복음의 완성을 선언하시고 육체적 죽음을 맞이하신 것입니다.
두 번째 유언은, 부활하신 후 이 세상에서 40여 일 계셨으며 승천하시기 전에 말씀하신 내용입니다.

신약성경 첫 번째 책인 마태복음의 마지막 장 마지막 구절이, 이 세상을 떠나시면서 12명의 제자에게 남기신 말씀으로 "모든 민족과 족속에게 복음을 전하라"는 것입니다. 이 마지막 유언을 지상명령(至上命令, The Great Commission)이라고 하며, 이 유언의 말씀에 많은 분이 순종해 복음이 지금 우리나라와 저에게까지 전달된 것입니다. 하나님의 아들이신 예수님은 "땅 끝까지 복음을 전하라는 명령뿐 아니라 세상 끝날까지 믿는 자들과 함께 해 주신다"는 약속을 유언으로 남기셨습니다.

신약성경 다수의 책을 기록한 사도 바울은 자신의 삶 마지막 순간에, 자신은 "선한 싸움을 싸웠으며, 믿음을 지켰고, 달려갈 길을 마쳤다"라고 기록하며 믿는 자에게 "자신과 예수님을 본받으라"고 부탁했습니다. 그리스도인이라면 예수님 최고의 명령을 기억하며 사도 바울처럼 믿음을 지키고 사명을 완수하는 삶을 살아야 합니다. 우리가 전도해야 하는 이유는 예수님이 우리에게 주신 마지막 유언 즉, "모든 민족과 족속에게 복을 전하라"는 지상 명령을 지키기 위함입니다.

나의 유언

생의 마지막 날 나는 사랑하는 자녀들, 가족들에게 무슨 말을 해 줄 수 있으며, 무엇을 부탁할지 생각해 봅니다. 여러 사람에게 감사를 전하고 싶습니다. 그동안 살면서 만났던 모든 사람에게 감사하지 않을 수 없습니다. 모두가 나를 돕는 분이었으며, 우주에 달랑 혼자였을 때 그분들이 계시지 않았다면 삶을 지속하지 못했을 것입니다. 당시에는 그분들이 내 삶에 얼마나 필수적이었는지 잘 알아보지 못했습니다. 할 수만 있으면 구체적으로 감사 표현을 하고 싶습니다.

그리고 사과해야 할 분들도 많을 것 같습니다. 나의 부족한 말과 행동으로 상처를 드렸거나, 불편함을 드렸으며, 이기적 마음으로 나의 유익만 구했던 일에 대해 그분들에게 진심으로 사과하고 싶습니다. 온전하게는 못해도 그분들이 혹시 물질적, 정신적으로 손해를 입었다면 보상하고 배상하고 싶을 것입니다. 정말 미안했고 고마웠다고 진심을 전하고 싶습니다.

자녀들에게는 서로 우애하며 사이 좋은 관계를 부탁하며, 예수님의 두 계명 즉 온 마음으로 하나님을 섬기고, 이웃을 사랑하는 삶을 살라고 부탁하고 싶습니다. 물론, 이 세상을 떠나기 때문에 확인할 방법은 없으며, 내 말을 잘 지킨다고 함께 기뻐할 수도 혹은 나의 유언과 상관없이 산다고 그들을 책망할 길도 없습니다.

유산 상속

남은 재산이 있다면 공평하고 분명하게 해 다툼이 생기는 일은 없게 하고 싶습니다. 누구나 이렇게 하고 싶을 텐데 유산 때문에 그 많은 다툼을 보면 쉬운 일이 아닌가 봅니다. 유산 상속이 유언으로 명확하게 하지 않거나 혹은 유언장의 내용이 민법으로 정한 내용과 달라 유산 다툼이 생기고 법정 싸움이 됩니다. 자녀들이 서로 갈라서고 모르는 사람보다 더 사이기 좋지 않은 경우가 많습니다. 자녀들에게 남겨 줄 유산이 많은 경우, 서로 좋은 관계를 유지하는 경우를 별로 보지 못했습니다.

"돈 앞에는 장사가 없다"는 말이 있듯이 유산이 많든 적든 공평하고 감사하게 잘 받았다고 하는 경우는 많지 않습니다. 차라리 유산을 남기지 않음만도 못합니다. 일반인들과는 상관 없는 이야기지만 세계적 부자인 빌 게이츠(Bill Gates)와 워

런 버핏(Warren Buffett)이 창단한 나눔 서약(The Giving Pledge)는 10억 달러(한화 1조 원) 이상의 자산가가 자신의 재산 절반을 사회에 환원할 것을 서약하는 모임입니다.

2021년 우리나라에서는 처음으로 카카오 이사장인 김범수씨(재산 약 10조)와 배달의 민족 회장인 김봉진씨(재산 약 1조) 두 분이 나눔 서약에 가입했다는 뉴스를 자랑스럽고 감동적으로 접했습니다. 그 정도의 자산가들이면 절반을 사회에 환원하고도 충분히 상속할 양의 재산이 남을 것입니다. 그러나 재물이 많은 사람들이라고 더 잘 나눌 것이라고 생각하지는 않습니다. 나눔 서약에 참여하는 분들이 성경을 알았는지는 모르겠지만, 성경에 세리장으로 큰 부자였던 삭개오(Zacchaeus)는 예수님을 만난 후 "자신의 재산 절반을 가난한 사람을 위해 쓰겠다"고 서약하는 장면이 나옵니다.

당시 세리는 사회적 지탄의 대상이었습니다. 큰 부자가 되어 재산을 나눌 기회가 있다면 더 좋겠지만, 성경에서 예수님은 큰 부자가 많이 헌금하는 것보다 가난한 과부가 적게 헌금하는 것을 더 크게 칭찬하신 내용이 나옵니다. 예수님 칭찬의 근거는 액수가 아니라 퍼센트입니다.

내가 아는 그리스도인이 '삭개오 프로젝트'를 말씀하십니다. 이생을 마치는 날, 남긴 재산 절반을 사회에 돌려 주어 가난하고 약한 분들을 위해 사용하는 프로젝트입니다. 천만 원을 남기면 절반인 5백만 원은 자녀와 가족 외 이웃의 약자에게 나누자는 운동입니다.

물론, 남기기는커녕 자신의 노후도 걱정이고 부족하신 분들도 많이 계실 것입니다. 사회 환원이나 나눔에 기독교인들이 더 앞장서야 하는데 그렇지 못해 미안하고 죄송합니다. 그리스도인들은 빈손으로 세상에 와서 하나님이 능력 주셔서 재물을 모으게 되었다고 고백합니다. 하나님이 원하시는 방법대로 재물을 모으고, 사용하는 것이 그리스도인의 모습입니다.

유언을 써서 읽어보고 내용을 수정하기도 하며 최종본으로 생각되면 자녀들 서명을 포함해 공증받아 놓는 것이 좋겠습니다. 이 세상의 날이 금방 지나가고 별로 남아 있지 않기 때문입니다.

제4부

신앙

1. 선물
2. 성경
3. 기도
4. 찬송
5. 목회자
6. 선교사

1

선물

　살아가면서 절대적으로 필요한 것들은 값을 지불하지 않는 무료 즉 공짜입니다. 햇빛, 비와 물, 공기, 산소 등이 그렇습니다. 물론, 오염된 자연을 깨끗하게 유지하기 위해 지불해야 할 값은 있을 수 있으나 본래 아무 값도 지불하지 않았습니다. 우리 생명도 마찬가지입니다.

　부모로부터 얻은 몸과 생명은 무슨 값을 치르고 얻은 것이 아닙니다. 값으로 측정할 수 없으며, 돈을 지불하고 살 수 없기 때문입니다. 대가를 지불하지 않고 얻은 것은 선물이며 은혜입니다. 부모님에게서 받은 사랑이 대표적이며 부모님 은혜라고 합니다. 성장 후 부모님에게 감사의 마음을 갖기는 하지만 그것이 부모님이 보여 주신 사랑과 비교할 수 없으며, 부모님의 절대적인 사랑은 대가를 기대하지도 않습니다.

구원의 은혜

예수님을 인정하고 마음에 모시면 구원받는 것이 너무 쉽기 때문에 받아들이기 어려울 수 있습니다. 구원받는 것, 천국 가는 일은 인생을 다 바쳐 노력해도 될까 말까 하는 일인데 단순히 예수님을 인정하고 믿기만 하면 된다는 것이 이해하기 어렵습니다. 천국이라는 큰 보상을 받으려면 무엇인가 당사자의 역할이 있어야 하며, 그것도 중요하면서 큰 기여를 해야 할 것 같습니다.

더군다나 선하지도 않고 착하지도 않은 사람인데 예수님을 믿는다고 구원받았다면 세상의 기준과 차이가 커 갈등이 생길 수 있습니다. 자연이 주는 빛과 물, 공기, 산소에 값을 산정하지 못하는 것처럼 영혼을 살리는 구원의 값은 내가 지불할 수 있는 범위가 아닙니다.

그렇다고 값을 지불하지 않은 것은 아닙니다. 사람들의 구원의 값으로 하나님의 아들 예수님이 희생을 지불하셨습니다. 하나님의 아들이시기 때문에 인류의 죄값으로 충분했습니다. 생명을 값으로 측정하는 것은 말도 되지 않습니다. 프로 선수들에게 값을 정하는 것은 생명의 값이 아닌 능력의 값입니다. 탁월하고 우수한 선수에게 더 많은 연봉을 지불하며 그들의 멋진 경기에 평범한 우리는 열광합니다.

그러나 생명, 특히 사람의 생명을 금과 은 혹은 돈으로 측정할 수 없습니다. 사람의 생명도 그럴진대 하나님 아들의 생명의 값이라고 하면 무한대라고 해도 부족할 것 같습니다. 그 무한대 값을 가진 하나님의 아들 예수님이 우리 죄값을 치른 것입니다. 꼭 예수님의 십자가 방법이어야 하냐고 질문하실 수 있지만 그것은 하나님 방법입니다. 동물을 잡아 속죄 제사를 드렸던 오래 전 방법은 완전하지 않았기 때문에 죄의식이 있을 때마다 개인적으로 반복해야 했습니다. 그러나 이제는 예수님이 영원하고 온전한 제사 제물로 우리 모두를 속죄하셨습니다.

기독교 존재의 이유

기독교인과 믿지 않는 분들이 교리적으로 다툼이 많은 점은 기독교의 편협성 때문이며, 특히, '예수님의 십자가 외에는 다른 구원의 길이 없다'는 구원의 방법에 관한 것입니다. 호남선을 타거나 경부선을 타거나 서울만 가면 된다는 말로 무슨 종교든 선하고 착하게만 살면 구원받고 천국에 갈 수 있다고 하시는 분이 있습니다.

사람의 생각은 그럴 수 있지만 너무 죄송하게도 성경은 그렇지 않다고 합니다. 예수 그리스도와 십자가는 하나님이 정하신 방법이며 사람이 타협할 수 없습니다. 예수님의 십자가를 양보할 수 없는 것은 기독교의 뿌리이며 근간이기 때문입니다. 예수님 외 다른 구원의 길이 있다면 기독교가 존재할 이유가 없습니다.

미련한 전도

믿지 않는 가까운 친구에게 전도하는 일은 꼭 필요하지만 너무 미안하고 부담스러운 일입니다. 조용히 잘 살고 있는 친구에게 "너는 죄인이다"라고 선고하고 동의를 얻어야 합니다. 그리고 다음은 "지금처럼 살면 지옥에 갈 수 있다"라고 엄청난 경고를 해야 합니다.

기독교인들의 전도라고 하는 것이 아주 미련한 방법처럼 보입니다. 믿지도 않는 성경책을 펴서 보여 주면서 그 증거라고 천국과 지옥을 이야기합니다. 눈에 보이지 않고, 손에 잡히지 않는 이야기를 근거로 예수님을 믿으라고 합니다. 좀 더 분명하고 합리적인 무엇인가가 필요할 것 같지만 그렇지 못합니다.

미련한 전도 내용처럼 성경의 약속대로 예수님이 오셨고 예수님이 우리를 위해서 돌아가셨으며, 이제 그 예수님을 마음에 모시고 천국을 소망하며 살아야 한다고 하는 것이 전부입니다.

수천 년을 지속했으며, 수 억의 인구가 인정한다고 그것이 진리라고 할 수는 없지만 미련한 전도는 2천 년 동안 지속되고 있습니다. 팔레스타인의 유대 작은 나라에서 시작된 복음 전도는 대서양을 건너고 또 태평양을 건너 지금 우리에게까지 왔습니다.

가장 값있는 것

값이 너무 높아 값으로 매기지 못했습니다. 천국이 그렇고 구원이 그렇습니다. 무한대의 가치는 누군가 나눈다고 줄어들거나 적어지지 않습니다. 이 세상 사는 동안 평안과 기쁨의 근원이며, 천국의 소망을 주는 예수님을 설득이 아닌 삶으로 나누고 싶습니다.

2

성경

 기독교인에게 성경은 하나님이 주신 말씀입니다. 인간의 시작과 과거, 현재, 미래까지 알려 줍니다.

 첫째, 하나님이 자신을 알려 주신 방법은 자연입니다.
 누군가를 알아가는 방법은 그 사람이 지금까지 무슨 일을 했으며 어떻게 살았느냐를 보면 알 수 있습니다. 하나님이 행하신 일, 즉 창조하신 자연을 보고 하나님을 알 수 있습니다.
 둘째, 하나님이 자신을 알려 주신 방법은 예수님입니다.
 예수님은 하나님의 아들이시지만 하나님 그 자체이십니다. 예수님의 생각, 행하심, 그분의 삶의 결과가 하나님이 누구신지 무슨 생각을 하고 계신지 알려 줍니다.
 셋째, 하나님이 자신을 알려 주신 방법은 성경입니다.
 성경은 '삶의 매뉴얼'입니다. 어떻게 살아가는 것이 창조의 목적을 성취하는 것인지를 알려 주십니다. 간단한 기기를 구입하면 동봉되는 것이 사용법이며, 복잡한 자동차나 전자

기기에는 더 자세한 매뉴얼이 필요합니다. 하나님이 인간을 창조하시고 이 세상에서 살아가는 방법을 알려 주시는 방법이 성경입니다. 성경책에 "오늘 점심에 무엇을 먹을지," "어떤 사람을 만나야 하는지" 기록되어 있지 않지만, "내 삶의 방향이 어디를 향해야 하는지," 혹 "결정이나 판단의 기준은 무엇을 근거해야 하는지" 알려 줍니다.

정경

어느 종교나 기본이 되는 경전이 있으며 기독교는 성경을 기초로 합니다. 정경이란 '기독교가 공식적으로 채택하는 성경'을 의미합니다. 성경이 어떻게 구성되어 있으며 누가 기록한 책인지 관심 갖는 것은 당연합니다. 성경 안에 실제 기록자(약 40여 명)가 대부분 나타나 있습니다. 그러나 성경을 하나님의 책이라고 하는 이유는, 하나님이 각각의 저자에게 영감을 부어 주어 기록하게 하셨기 때문입니다.

현재 기독교는 구약 39권과 신약 27권을 정경으로 인정합니다. 정경으로 인정하지 않는 성경을 외경이라고 하며, 가톨릭에서 사용하는 성경에는 외경이 포함되어 있기도 합니다. 정경은 캐논(canon)이라고 하며 막대기, 잣대라는 의미로 표준이나 척도 혹은 기준이라는 의미입니다.

구약성경은 히브리어로 기록되어 있으며 모세(B.C. 1,500년)의 기록을 시작으로 B.C. 400년 정도까지 약 천 년에 걸쳐 기록되었습니다. 구약성경은 A.D. 90년 경의 얌니아(Jamnia) 회의에서 39권을 정경으로 인정했습니다.

신약성경은 헬라어 기록으로 예수님이 승천하신 후 A.D. 50-100년 사이에 기록되었으며 마르시온, 이레니우스, 아타나시우스의 정경화 작업 후 A.D. 397년 카르타고 공회의(Concilium Carthaginense)에서 27권이 정경으로 인정되었습니다. 정경화 과정은 약 200여 년의 긴 시간의 갈등과 협의가 있었으며, 합의된 기준으로 정경과 외경을 나누었습니다.

성경의 역사와 저자

성경은 모세(B.C. 1,500년)에서부터 예수님의 제자 요한(A.D. 100년)까지 약 1,600년이라는 긴 기간에 걸쳐 기록되었습니다. 구약과 신약 사이 약 400여 년의 침묵의 시간도 있습니다. 구약과 신약성경 66권의 저자 40명 중에는 이집트 왕궁에서 왕자로 40여 년을 자란 모세를 시작으로 이스라엘 왕이던 다윗과 솔로몬 왕이 있습니다. 예수님을 세 번이나 부인했던 어부이며 당시에 학문이 없었던 베드로를 포함해 예수님을 핍박했던 사울(나중에는 바울로 개명함)과 예수님의 친동생으로 알려진 야고보도 성경 저자 중 한 명입니다.

1,500년 이상의 긴 기간에 걸쳐 여러 지역에 흩어져 살았던 40여 명이 기록한 책을 모아서 이루어진 책이 성경입니다. 1,500년 동안 수많은 나라가 생기고 사라졌으며, 언어와 문화도 변화를 거듭했을 것입니다. 저자들이 살았던 지역에 따라 혹은 그들의 생활 환경이나 교육 정도에 따라 기록한 내용이 달랐을 것입니다. 그러나 성경을 하나님이 영감을 주어 기록한 책이라고 인정하는 이유는, 오랜 기간 시대의 차이, 장소와 문화, 환경의 차이가 있음에도 주제와 내용이 일관성이 있기 때문입니다.

구약성경은 모세의 율법서, 이스라엘의 역사서, 시로 구성된 시문서, 미래를 예언하는 예언서 등이 있으며, 신약은 예수님의 삶과 행적을 기록한 복음서 그리고 제자들이 기록한 편지인 서신서가 있습니다. 과거 수천 년 전 일을 어제 일처럼 생생하게 당시 문화, 언어(히브리어, 아람어), 혹은 길이와 무게 등의 단위가 기록되어 있습니다. 저자도 다양하고 여러 명이지만 너무 신기하게 세계사 속에 나타난 지명과 이름이 동일하고 구체적입니다.

구약(舊約, Old Testament)은 옛 약속이며, 신약(新約, New Testament)은 새 약속입니다. 약속이란 메시아 구원자에 대한 약속이며, 구약은 오실 메시아에 대한 약속, 신약은 구약의 약속대로 오신 메시아에 대한 증거와 다시 오실(재림) 메시아에 대한 약속입니다. 성경이 다양한 장르로 구성되어 있지만 중심 내용은 일관성 있게 메시아 예수에 관한 책입니다.

성경은 하나님의 책

기독교인이 성경을 하나님의 책이라고 하는 이유는 오랜 기간 다양한 저자가 쓴 일관성이 있어서만은 아닙니다. 성경이 성경을 하나님의 책이라고 증거하고 증명합니다. 혹자는 자신이 자신을 변호하고 증거하는 것은 효력이 없다고 생각할 수 있으나, 성경의 예언과 성취는 단순히 뛰어난 작가의 작품이라고 생각하기 어렵습니다.

성경에서 예언된 내용들의 성취에 대해 지금 다 기록하기는 어렵지만 이스라엘의 고대사와 현대사가 성취된 예언의 가장 대표적 예입니다. 이스라엘의 특별한 역사기록을 통해 하나님은 온 민족과 백성, 세계의 하나님이심을 증거합니다. 성경이 하나님 말씀인 더 강력한 증거는 예수님을 믿고 변화된 지금 주위에 계신 많은 분입니다. 물론, 성경과 하나님을 믿는다고 하면서 오히려 성경이 하나님 말씀이 아닌 것처럼 살고 있는 분도 계십니다.

니체가 "신은 죽었다"고 말하는 가장 강력한 증거가 "믿는다고 하는 사람들 삶의 모습이 비성경적이며 세상 사람과 차이가 없어서"라고 합니다. 지금은 그리스도인들의 삶의 모습이 부족하지만 언젠가는 변화받아 능력 있는 하나님 말씀임을 증명하는 참 그리스도인의 모습이 되기를 기대합니다.

3

기도

    기독교의 가르침 중에서 가장 이해하기 어려운 것이 기도입니다. 기도는 무엇인가 자신이 필요한 것을 하나님께 구하는 것입니다. 그런데 기독교인들에게도 기도는 아이러니합니다. 하나님은 전지전능하셔서 내 모든 것을 아시며 모든 필요를 채워 주실 수 있다고 하십니다. 내 모든 것을 아시는 분이 나에게 구하라고 하시면서 구하지 않으면 얻지 못할 것이라 하십니다. 사랑이 많으신 하나님이 꼭 피조물이 무엇을 구해야 주신다고 하신 것이 아이러니입니다.

기도해야 하는 이유

    기도는 하나님 자녀의 특권입니다. 하나님은 우리 모든 필요를 아시지만 기도하라고 하신 이유는, 하나님이 사람과 동역, 동업의 관계를 유지하기 위함입니다. 하나님은 사람을 창조하시고 "보시기에 좋았다"라고 하십니다. 하나님은 최고의 피조물인 사람과 함께 하기 원하시며, 사람과의 교제를 기뻐하십니다. 마치 사랑하는 자녀와 함께 시간을 보내며 자녀의 필요를 채워 주는 행복한 부모의 모습 같습니다. 기도하지 않았던 이스라엘 백성들은 쉽게 하나님을 잊어버렸고, 하나님을 부인했습니다.

기도는 하나님과 믿는 자들을 연결하는 소중한 끈이며, 영적 호흡입니다. 기도하라고 하신 또 다른 이유는 겸손을 가르쳐 주시기 위함입니다. 어떤 일에서 큰 성취를 이루었거나 성공했을 때, 하나님의 도우심으로 이룬 일이기에 교만할 필요가 없습니다.

성공한 일에 대해 하나님께 영광을 돌려드리며 자신의 힘으로 이룬 것이라고 자랑하지 않습니다. 행여 기도했는데 실패했다면, 사람들 보기에는 실패나 하나님 보시기에는 최선임을 가르쳐 주십니다. 자신의 생각대로 일이 되지 않을 때, 실망의 마음은 들겠지만 하나님이 또 다른(아마도 더 좋은 길) 길을 예비하셨을 것이라는 믿음이 있습니다.

또한, 내가 생각하고 추구하는 것이 최선의 것이 아닐 수도 있음을 가르쳐 주시기 위함입니다. 제한된 인간의 지혜로 자신이 생각하고 추구하는 것이 최선이라고 생각할 수 있지만, 하나님에게는 또 다른 계획과 섭리가 있으십니다. 하나님은 가장 선하시고, 나를 가장 잘 아시는 분이십니다. 기도를 통해 나를 향하신 하나님의 크고 작은 뜻과 계획을 발견합니다.

마지막으로, 기도해야 하는 이유는 예수님이 본을 보이셨으며 기도하라고 명령하셨기 때문입니다. 예수님은 시간이 있을 때마다 혹은 새벽 날이 밝기 전 습관대로 기도의 자리로 가셨습니다. 성경의 명령대로 기도의 삶을 살아야 하는 것이 믿는 자들의 의무입니다.

기도의 능력

그리스도인들 중에서도 기도를 열심히 성실하게 하시는 분은 그렇게 많지 않습니다. 기도하지 않는 일반인들도 잘 살아가며 오히려 더 성공적인 삶을 살고 있습니다. 그리스도인이 기도하지 않았다고 무슨 특별한 일이 일어나지 않습니다. 그것이 기도하지 않는 이유입니다.

또한, 기도하는 것은 자신의 직무를 다하지 않고 하나님께 책임을 전가하는 것과 같다고 생각하기도 합니다. 책임감 있는 사람은 다른 어떤 대상(그분이 하나님이라도)을 의지하지 않고 스스로 해결하려고 합니다. 일리가 있으며 그럴 듯합니다. 그러나 기도함으로 받는 복을 얻지 못할 것입니다.

영적인 일, 하나님을 믿는 일은 과학적, 이성적으로 객관화시킬 수 없습니다. 특히, 기도가 그렇습니다. 내 기도를 하나님이 들으시는지 알 방법은 없습니다. 허공의 메아리이며, 주문을 외우는 것과 같으며, 혹은 자기 최면 같을 수도 있습니다.

그러나 기도에 열심이신 분들은 실제 기도의 능력을 경험하신 분입니다. 기도한 내용을 꼼꼼하게 작성하며 하나님께서 어떻게 응답하시는지 확인하기도 하며, 보이지 않는 하나님과 인격적 만남을 갖습니다. 영국 고아들의 아버지로 알려진 죠지 뮬러(George Muller)는 하나님의 기도응답을 5만 번 이상 경험했다고 기록했습니다.

기도란?

기도는 자신에게 필요한 무엇인가를 절대자에게 간구하고 간청하는 것 이상의 의미가 있습니다. 간구(간청)의 기도는 기도의 지극히 일부분입니다. 하나님을 찬양하는 기도가 성경의 많은 부분에 기록되어 있으며, 시편의 대부분이 하나님이 어떠하심을 찬양하는 기도입니다. 다음은 자백의 기도입니다. 자신의 잘못을 되돌아보고 회개하며 슬퍼하며, 더 이상 죄를 짓지 않기로 결심하며, 하나님의 도우심을 구하는 기도입니다.

감사 기도도 있습니다. 대표적인 기도가 식사 전 드리는 기도일 수 있습니다. 하나님이 자신에게 주신 모든 것을 생각하며 감사하는 기도입니다. 찬양, 자백(회개), 감사, 간구 등 기도의 내용은 다양합니다. 실제로 무엇을 구하기보다는 하나님의 어떠하심을 생각하며 혹은 하나님의 뜻이 무엇인지 깊이 묵상하며 자신을 하나님 뜻에 맞추어 가는 것이 기도입니다. 하루에 몇 시간씩 기도하는 분들이 계십니다. 물론, 자신과 혹은 이웃의 필요를 구하는 시간도 필요하겠지만 많은 시간 하나님을 찬양하고 하나님 뜻이 무엇인지 구하며 자신이 어떻게 순종의 삶을 살아갈 수 있을지 묵상하는 시간입니다.

기도는 오케스트라가 연주 전 음을 맞추는 것처럼 흐트러진 삶을 다시 창조주 하나님의 뜻에 맞추는 시간입니다. 지금 기독교인들이 믿지 않는 분들에게 비난의 대상이 되는 이유가 기도하지 않기 때문인지도 모릅니다. 기도하면서 자신과 교회 문제를 생각하고 하나님께 해결의 지혜를 구할 때입니다.

4

찬송

 우리 민족은 흥이 많은 민족이라고 합니다. 우리 민족뿐 아니라 어느 민족이나 고유의 춤과 노래가 각자 특별한 문화 형성의 중요 요소입니다. 최근 트로트 경연 대회가 여러 방송국에서 인기를 누리면서 진행되고 있으며 많은 국민은 새로운 트로트 가수 탄생에 열광합니다. 노래가 사람의 마음을 움직이고 감동을 줍니다. 대중가요도 전주곡만 나와도 마음을 사로잡기도 하며, 그 노래를 부르던 시절 추억으로 되돌아가기도 합니다.

찬송의 은혜

 기독교인들은 노래를 많이 부릅니다. 600여 곡 정도가 실려 있는 찬송가를 예배 때마다 두세 곡씩 부릅니다. 찬송가는 전통적으로 많은 그리스도인이 사랑하는 노래 모음으로 2백 년도 넘은 곡들이 많습니다. 선교사님들이 성경과 함께 들여온 곡들입니다. 찬송가뿐 아니라 현대인들의 감정에 맞는 가스펠송(복음성가)들이 작사 작곡되어 많은 사랑을 받고 있습니다.

"하나님은 찬양 중에 계신다"는 성경 표현이 있습니다. 찬송으로 하나님을 찬양하며 그분의 어떠하심을 생각합니다. 자신을 되돌아보게 하고, 새로운 삶의 결심을 갖게도 합니다. 기독교 예배는 기도와 찬송 그리고 성경 말씀을 듣는 시간으로 대략 1시간 정도로 구성되어 있습니다.

주로 30분 정도는 설교 말씀을 듣습니다. 특정한 성경 말씀을 중심으로 그 내용이 무엇이며 우리 삶에 어떻게 적용할 수 있을지 목회자가 설교합니다. 가톨릭 교회에서는 강론이라고 부릅니다.

기독교인들에게는 예배 때마다 찬송을 부르기 때문에 노래하는 기회가 많습니다. 물론, 우리 주위에 노래방이 많이 있어 노래하고 싶으면 언제든지 마이크 잡고 노래할 수 있는 기회들이 누구에게나 있습니다. 기독교인들은 일주일에 두세 번 예배에 참여하기 때문에 정기적으로 예배 때마다 함께 몇 곡씩 노래하는 기회가 있습니다.

또한, 각 교회에는 성가대 혹은 찬양대가 조직되어 있어 음악을 전공하신 지휘자를 모시고, 한 주에 적어도 한 곡씩 새로운 노래를 배우든지 혹은 이미 잘 알려진 곡들을 화음을 맞추어 노래하기도 합니다. 목회자의 설교(성경 말씀)를 들으면서 마음의 감동을 받는 것을 은혜 받았다고 표현하는데 찬양대의 특별 노래나 예배 중에 부른 찬송가에서 더 큰 은혜를 받는 경우도 있습니다.

하나님께 드리는 찬송

예배에서 불려지는 찬송가는 하나님과 예수님 그리고 성령님을 찬송하는 노래들이 많습니다. 하나님의 어떠하심과 예수님의 하나님 아들 되심 그리고 성령님의 역사하심 등을 고백하고 노래합니다. 이외에 믿는 그리스도인들의 삶의 헌신과 각오를 노래하기도 합니다.

기독교인들이 부르는 노래는 단순한 노래가 아니며 하나님께 올려드리는 경배입니다. 그것이 세상에서 부르는 유행가와의 큰 차이입니다. 찬양대가 감동적인 찬양을 했다고 그분들에게 박수로 화답하지 않는 것은 그 찬양이 청중들을 위한 노래가 아닌 하나님께 올려드리는 찬양이기 때문입니다. 물론, 찬양 후 박수를 치는 경우도 있는데 청중들을 대신해 하나님께 찬양을 올려드린 찬양대의 수고에 관한 감사의 의미입니다.

기독교 예배에서 찬양은 매우 중요한 위치를 차지합니다. 구약성경에서 성전을 짓고 예배를 집례하는 부족은 레위 족속들입니다. 모세가 레위 부족이고 구약의 제사장들은 모두 레위인입니다. 성전을 짓고 관리하며 제사드릴 때, 혹은 전쟁에 나가거나 중요한 행사가 있을 때, 빼놓지 않고 레위인을 중심으로 조직하는 것이 찬양대입니다. 또한, 천국의 모습을 묘사하는 성경의 장면에서도 하나님을 찬양하는 모습이 주요 내용입니다.

부르지 못하는 찬송

문제는 찬양을 소리로만 부르고 의미를 생각하지 않는 경우가 있습니다. 저의 경우 잘 부르지 않는 찬송 몇 곡이 있습니다. 예를 들어, <부름 받아 나선 이 몸 어디든지 가오리라>라는 찬송은 선교사나 부를 수 있는 찬송으로 생각됩니다. 즉, '하나님이 부르시기만 하면 어디든지 복음을 들고 가리라'라는 찬송인데 일반인인 내가 이 찬송을 부를 때 정말 어디든지 갈 수 있을까라고 생각하곤 합니다.

최근 그리스도인들의 애창곡인 <주님 다시 오실 때까지>라는 복음 성가가 있습니다. 주님이 다시 오시는 것, 즉 심판의 주님으로 다시 오실 것을 노래하면서 주님 오실 때 달려가서 그분을 맞이하리라는 내용입니다. 노래를 부르다가 가슴이 확 막히는 것을 느꼈습니다. 내가 과연 심판의 주님이 오시면 달려가 그분을 맞이할 수 있을까라는 생각에서입니다.

이 세상 살면서 주님이 부탁하신 일을 잘 감당했고, 충성스런 일꾼만이 주님을 반갑게 맞이할 수 있을 것입니다. 이 세상을 그리스도인답게 잘 살았다 하더라도 주님 재림하시면 그것도 심판의 주님으로 다시 오신다면 달려가 맞이하기 쉽지 않겠다는 생각을 했습니다.

물론, 하나님은 내 아버지이시기에 오랫동안 만나지 못한 이산가족 상봉의 기쁨을 노래하는 의미도 있을 것입니다. 단지, 찬양하면서 그저 노래로가 아닌 감격으로 내 삶의 헌신을 다짐하며 내 마음을 고백하는 찬양이 되기 원합니다. 또한, 이 땅에 살면서 부르지 못할 찬송이 없도록 하나님 말씀대로 살아가야 할 책임이 있습니다.

5

목회자

 교회 지도자는 참 어려운 직업인 것 같습니다. 개신교회 지도자를 목사(님) 혹은 목회자라고 부르는데 절은 스(님), 천주교는 신부(님)로 부르기 때문에 목사(님)로 칭하는 것에 이해를 부탁합니다. 물론, '님'자가 들어간 직업은 선생(님)이 대표적이며 그 권위를 인정하고 존경을 표시하는 호칭입니다.

존경스런 목회자

 대학 병원에서 정신과 의사를 하는 친구가 있는데 언젠가 제게 자신은 교회를 다니지 않지만 목사님들을 존경한다고 말했습니다. 주로 목사님들에 대해 부정적 이야기가 많은데 이 친구가 존경한다고 해 이유를 들어보았습니다. 시골 주로 읍면 단위에서 어르신들이 정신질환으로 병원에 오시는데 대부분 함께 모시고 오는 분이 시골 교회 목사님이라고 합니다.

자녀도 할 수 없는 일들을 대신해 주는 그 목사님들을 존경한다는 것입니다. 대부분 미자립 교회로 재정적으로 어려운 시골 교회에서 어르신 몇 분 모시고 사역하시는 교회들에게 도시의 대형 교회들이 적극적 나눔과 도움을 실천하면 좋겠습니다.

교회를 출석하는 일반 성도라면 지도하는 목회자에게 거침이 되기보다는 목회자가 자신감을 갖고 교회를 지도하도록 돕는 입장이 되면 좋겠습니다. 이는 자신이 영적으로 성장하고, 교회도 발전하며, 각 교회의 목표를 이루는 데에 도움이 될 것입니다.

물론, 목회자도 우리와 똑같은 사람이며 실수도 하고 마음에 욕심도 있다는 것을 인정해야 합니다. 모든 목회자가 시골 미자립 교회 목사님처럼 가난해야 하고, 소형차를 타고 다녀야 한다고 청빈을 기대해서는 안 됩니다. 목회자 사례비는 각자 교회 성도들 수입의 중간 정도는 보장해 주는 것이 좋겠습니다. 더 많이 기도하고 성경을 연구하며 하나님 뜻을 우리에게 잘 전달하도록 배려해야 합니다.

힘든 목회자의 길

목사 혹은 목회자는 쉬운 직업은 아닌 것 같습니다. 교인들의 눈이 목사와 목사 가족을 온통 주시합니다. 목사 사모가 너무 옷을 잘 입고 다니면 사치한다고 하고, 수수하게 입으면 허름하게 입고 다닌다고 합니다. 목사 부부가 새벽 기도라도 한 번 빠지면 사역자가 기도가 부족하다고 이야기합니다. 목사 부부를 관찰하는 눈이 수백 개입니다.

자녀들도 마찬가지입니다. 목사 자녀가 행여 작은 실수라도 하면, "목사 자녀가 그런 잘못을 했다"라고 교회 전체에 소문이 나고 비난의 대상이 되어 자녀들이 어려워합니다. 교회에 다니는 사람들은 모두 자원해(volunteering) 자신의 돈을 내면서(헌금) 다니는 사람들이라 주장도 강합니다. 목사는 한 나라의 대통령처럼 말이 많은 여러 사람의 이야기 주제가 되기 쉽습니다.

목회자라고 다른 특별한 능력이 있거나 교인들의 문제를 모두 해결해 줄 수 없습니다. 예수님의 제자들이 가진 그런 능력이 모든 목사에게 있는 것이 아닙니다. 물론, 어떤 목회자는 그런 능력이 있을 수도 있습니다. 일반적인 목사는 말씀과 기도로 하나님과 동행하며 각 성도를 향한 하나님 뜻이 무엇인지 성경적 지침을 가르치고 제시하는 일을 합니다. 하나님의 뜻을 더 잘 아시는 분이라면 존경받아 마땅하며, 삶의 문제들을 그분에게 상담받는 것이 좋을 것입니다.

교만한 목회자

소수이기는 하지만 하나님을 대신한다고 생각하며 교만한 목사도 소수 있습니다. 제왕적 목회자라고 부릅니다. 마치 왕이나 된 것처럼 "자신의 말이면 모든 교인들이 따른다"라고 생각하는 분들이 있으며, 얼마 전 TV에서 "하나님도 자신의 말을 들어야 한다"라고 떠드는 목사도 있었습니다. 이들을 참된 목회자라고 할 수 없습니다.

목사이기 때문에나 교회 지도자들이기 때문에 자신의 결정이 항상 옳다든지, 비전문 분야에서도 전문가보다 더 잘 아는 것처럼 말하는 것은 매우 위험한 발상입니다. 또한, 목회자는 교회 지도자이기 때문에 무조건 존경의 대상이 되어야 한다고 생각하는 것도 큰 오산입니다. 물론, 존경받는 목사를 교인들은 원하고, 목회자를 존경할 때 교회 생활이 즐거우며 영적으로도 큰 도움을 받을 수 있습니다.

교인들에게 존경과 섬김을 너무 많이 받는 목회자나 사례(월급)가 충분한 목회자는, 이미 고인이 되신 서울 사랑의교회 옥한흠 목사님께서 자신이 돌아가실 무렵 말씀하신 내용을 상기할 필요가 있습니다. 옥 목사님이 돌아가시기 얼마 전, 대구에서 장애인들을 모시고 조그만 목회를 하시는 목사님 손을 붙들고 "너무 부럽다"라고 말씀하셨습니다.

옥 목사님 자신은 "이 세상에서 큰 교회 목사로 너무 많은 것을 누려 하늘에서 상급이 적을 것 같은데, 장애인 목회를 하시는 목사님은 하늘의 상이 얼마나 크겠냐"라고 하시면서 눈물을 글썽이시는데 그 진심이 느껴졌습니다.

하나님의 일 목회

목회는 하나님의 일입니다. 하나님이 받으실 영광을 누군가 대신 취하는 것은 매우 위험한 일이라고 늘 강조하면서 정작 목회자 자신이 그렇게 행동하는 경우도 있습니다. 헌금은 하나님께 하는 것이라고 하면서 자신들을 위해서 너무 풍족하게 사용하는 경우 혹은 자신이 하나님의 대언자나 대변자이기 때문에 자신의 말은 항상 옳다고 생각하는 경우는 비성경적인 경우입니다.

목회자의 말이라면 무조건 따르고 존경하고 섬기는 성도도 문제입니다. 목회자를 돕는 것이 아니라 목회자를 오염시킬 수 있습니다. 목회자의 잘못은 하나님이 심판하시기 때문에 자신이 관여할 바 아니고, 자신은 무조건 따르고 판단은 하나님이 하신다고 생각합니다.

그러나 목회자가 잘못하거나 사역의 방향이 잘못되었다고 판단되면, 잘못을 바로잡아 주는 일도 성도의 일이며 책임입니다. 물론, 중요한 점은, 목회자는 하나님이 세우신 분으로 인정하고, 기도하며 지혜롭게 그리고 개인적으로 목회자에게 의견을 드리는 것이 필요합니다. 어리석은 성도는 옳고 그름을 판단하기도 전에 교회 전체에 목회자에 대해 부정적 소문을 만들고 분란을 일으킬 수 있습니다.

과유불급(過猶不及)

무엇이든 너무 양이 많거나 힘이 집중되면 오염되기 마련입니다. 대표적인 경우가 물질과 권력입니다. 교회가 너무 부자가 되거나 오직 한 목회자에게만 힘이 집중되는 교회는 건강한 교회로 지속하기 어렵습니다. 대도시의 대형 교회에서 나타나는 문제들입니다.

대부분의 많은 목회자가 어려운 성도를 돌보며 수고하고 있지만, 소수의 목회자답지 않는 목회자 혹은 이단 교주들이 전체 교회 지도자들을 비난의 대상으로 만들고 있습니다. 건전하며 하나님의 뜻을 실천하려고 노력하는 목회자를 만나는 것은 교인들에게도 아주 큰 복입니다. 우리 사회에는 하나님과 이웃을 위해 사랑과 섬김을 실천하는 많은 선한 목회자분이 계십니다.

6

선교사

　제가 말씀드리려는 선교사는 언어와 문화가 다른 곳에 복음을 들고 간 분들, 즉 타 문화권 선교사입니다. 선교사는 선교사님이라고 불러 더 높은 존경의 마음을 표해 드리고 싶습니다. 선교사를 영어로 missionary(미셔너리)라고 하는데 미션(mission) 즉 사명을 성취하는 분들입니다. 근대 최초의 선교사는 영국의 인도 선교사 윌리엄 캐리(William Carey, 1761-1834)로 알려져 있습니다.

오신 선교사, 보낸 선교사

　서울 양화진 선교사 묘비를 몇 차례 방문한 적이 있습니다. 다양한 묘비 앞에서 겸손해지고 정말 미안하고 고마우며 새로운 각오를 하게 됩니다.
　루비 R. 캔드릭(Ruby R. Kendrick, 1883-1903)이 27세에 생을 마감하면서 "만약 나에게 천 개의 목숨이 있다면 그것을 모두 조선 땅에 주기를 원하노라"라는 묘비명 앞에서는 '우리나라가 어떤 나라이며 우리 한국 교회가 어떠해야 할지' 생각해 봅니다. 1885년 4월 5일 부활절에 조선 제물포항(인천)에 처음 발을 디딘 언더우드 선교사는 그의 시에서 "아무것도 보이지 않는 땅 황무지에서 서양 귀신이라고 손가락질받았다"고 기록했습니다.

광주 양림동 호남신학대학교 선교 동산에도 척박한 호남 지역에 선교사로 와서 이곳에서 생을 마감하신 분들이나 그분들의 어린 자녀의 묘가 있습니다. 가난하며 아무 희망이 없던 우리나라에 와 목숨 걸고 복음을 전해 준 선교사님들은 진심으로 고마운 분들이며, 한국 교회와 그리스도인들은 그분들에게 큰 빚을 지고 있습니다. 이제는 우리 한국 교회 차례입니다.

한국세계선교협의회(KWMA) 2020년 초 보고에 의하면, 우리나라 개신교 선교사는 약 3만 명으로 170여 국에 파송되어 있습니다. 2000년 무렵 당시 우리나라 1인당 국민 소득이 1만 불 정도일 때 선교사 1만 명을 파송했습니다. 그때 선교사 친구와 이야기하던 중 "선교사 3만 명을 파송하고 3만 불 시대를 가자"고 했던 기억이 있습니다. 2016년 1인당 국민소득이 약 3만 불이 되었을 때 파송된 선교사가 대략 3만 명 가까이 되었습니다. 물론, 선교사 숫자와 국민 소득이 비례하는 것은 아닐 것입니다.

그러나 기독교 역사를 보면, 선교사를 가장 많이 파송했던 영국이나 미국의 경우 경제가 발전하면서 더 많은 선교사를 파송하고 지원했던 것은 사실입니다.

예수님을 본받아

최초의 타 문화권 선교사는 예수님입니다. 하나님 나라에서 하나님과 동등하신 분이 인간 세상에 오셨고, 말구유에 태어나셨으며, 종의 모습으로 살다가, 십자가에서 돌아가셨습니다. 순교하신 최초의 선교사로서 최고의 본을 보이신 분이 예수님입니다.

예수님은 이 세상에 복음을 전하는 선교사로 오셨습니다. 젊은 나이에 십자가에서 돌아가시면서 마지막으로 하신 말씀 "다 이루었다"(테텔레스타이)라고 하신 것은 이 세상에 오신 목적, 즉 복음의 완성을 의미합니다.

그리고 승천하시면서 열두 제자에게 마지막 유언으로 복음 전할 것을 부탁하시며, '유대뿐 아니라 땅끝'까지라고 지역의 확장성도 제시하십니다. 지금 선교사들은 이 명령(지상명령)에 순종하시는 분입니다. 우리 말과 문화로 선교하는 것도 쉽지 않은데 타 문화권에서 현지 언어로 복음을 전하고, 교회를 세우며, 하나님 나라를 확장하는 일은 어려운 일일 것입니다.

일본 선교사의 경우, 평생의 헌신된 삶에서 선교의 열매가 거의 없는 경우가 많아 일본을 선교사의 무덤이라고 부르기도 합니다. 선교사에게 선교 현장에서 언어와 문화의 차이, 경제적 필요뿐 아니라, 선교사 자녀(MK, missionary kid)는 아픈 손가락입니다.

어린 자녀를 타국의 학교에 홀로 보내고 서로 연락이 잘 안 될 때도 있었으며, 국내외 대학 입시에서 서로 상황이 달라 어려움을 겪기도 합니다. "부모는 신앙과 확신으로 선교사로 헌신하고 지원했다고 하지만 그 자녀들은 무슨 죄가 있냐"라고 자조 섞인 말을 하기도 합니다. 자녀로 말미암아 어려움을 겪는 선교사님도 계시지만, 많은 선교사 자녀가 외국어 능력, 혹은 타 문화 적응력 등으로 좋은 대학에 입학하고, 건강한 청년으로 자라는 경우도 많습니다.

이제는 나이가 들어 퇴임 시기가 가까운 선교사들의 국내 귀환과 거주, 노후 생활 등 준비를 위해 그리스도인들과 교회가 서로 지혜를 모아야 할 때입니다.

선교사의 상급

선교사들이 이 세상의 평안과 안락을 마다하고 세상의 가치를 하찮게 여기며 하나님이 주시는 상급을 바라본다고 해 욕심이 많다고 할 수 없습니다. 천국에서 선교사 친구를 만나면 그 선교사를 위해 기도했고 그 선교사를 물질로 후원해서 나도 지분이 있다고 당당하게 말하고 싶은 마음입니다. 예수님이 "선지자를 대접하면 선지자의 상을 받는다"고 말씀하셨기 때문입니다.

매일 연락하고 기도 제목을 나누어 주면서 선교 현장을 알려 주는 몇 분의 선교사 친구가 있습니다. 아프리카, 인도, 남미, 동아시아 여러 곳에서 선교하는 친구와 연락하며 미안한 마음이 들 때가 많습니다. 선교사 친구들의 신앙은 항상 칼날이 서 있는 것처럼 날카롭게 빛이 나고 있어, 무뎌질 수 있는 내 신앙과 삶에 도전이 됩니다.

대학 다닐 때 함께 선교에 헌신했으나 그 친구는 선교사로 가고 나는 이곳에 남았습니다. 국내에 거주하면서 타 문화 선교사를 지원하는 그리스도인을 지원 선교사, 국내 선교사, 혹은 보내는 선교사 등으로 다양하게 합리화 혹은 위로는 하지만 타 문화 선교 현장에 비하면 국내의 삶은 안일하기 쉽습니다. 물론, 국내에서 사역하는 사역자들이나 평신도 중에 시 다 문화 선교사 못지 않게 믿음과 헌신으로 주님의 일에 힘쓰는 분들이 많이 계십니다.

모든 그리스도인은 하나님 나라에서 이 세상으로 파송된 선교사입니다. 언젠가 하나님 나라에 돌아가 이 세상의 삶을 평가받을 것이며, 면류관과 상급을 받게 될 것입니다.

제5부

한계

1. 착각
2. 예배당
3. 교회 친구
4. 염려
5. 교회 세습
6. 이단

1

착각

세상을 살아가면서 어떤 사실이나 관계에 대해 오해하거나 착각하는 경우들이 있습니다. 특히, 많은 사람이 함께하는 그룹이나 집단이 착각하는 경우도 있는데 기독교인들이 그럴 가능성이 많습니다. 예수님 시대 바리새인들 그룹은 당시 율법을 온전하게 지키기 위해 최선을 다한 사람들이었지만, 예수님은 그들을 사탄의 자식이라 하셨고, 회칠한 무덤이라고 말씀하셨습니다. 바리새인들은 자신들이 율법을 가장 잘 지키고, 천국이 있다면 오직 자신들만 들어갈 수 있을 것이라고 생각한 집단 착각에 빠져 있었던 것입니다.

내로남불

그리스도인들은 개신교회와 그리스도인에게 문제가 있으며, 믿지 않는 사람들에게 비난의 대상이 되는 것에 대해 그럴 수 있다고 동의합니다. 그러나 그것은 자신이 잘못했다거나 혹은 자기 교회의 문제가 아니라 다른 교회, 서울의 큰 교회, 혹은 어떤 문제가 많은 특정 목사 때문이라고 생각합니다. 나와 우리 교회는 아무런 문제가 없는데 다른 교회나 혹은 어떤 그리스도인들 때문에 교회 전체가 비난받고 있다고 생각합니다. 물론, 많은 그리스도인은 선의의 피해자인 것이 맞을 수 있습니다.

그러나 개신교인으로서 교회가 비난받는데 자신에게도 책임이 있다고 생각하는 그리스도인을 별로 만나지 못했습니다. 오히려 자신은 주일날 쉬지도 않고 교회 예배에 출석하며, 꼬박꼬박 수입의 십일조를 교회에 헌금하고 있어 대단하다고 생각합니다. 자신은 책망의 대상이 아니라 칭찬을 받아야 한다고 생각하지만 이것은 착각일 수 있으며, 예수님 시대의 바리새인들과 비슷합니다.

무책임

어떤 그리스도인은 회개와 자백의 의미를 잘 모르는 것 같습니다. 세상에서 마음대로 살다가 주일날 교회 가서 자신의 죄를 시인하고 회개하면 내 잘못이나 죄가 깨끗하게 된다고 착각합니다. 회개란 '자신의 죄를 철저히 뉘우치고, 해를 입힌 것이 있다면 몇 배로 배상하고 다시는 죄를 짓지 않기로 결심하고 떠날 뿐 아니라, 삶의 태도를 고치는 것'임을 잘 모르는 것 같습니다. 하나님은 용서와 사랑의 하나님이시지만 공의의 하나님이시기도 합니다.

또 어떤 그리스도인들은 적당히 살다가 나이가 많이 들거나 혹은 세상을 떠날 날이 가까울 때, 예수님을 더 잘 믿으면 된다고 말합니다. 예수님과 함께 십자가에서 죽은 강도가 삶의 마지막 순간에 예수님을 시인할 때, 예수님이 그를 낙원으로 초청하는 예까지 인용합니다. 성경의 특별한 경우를 일반화시켜 자신에게 적용하는 경우입니다. 물론, 하나님의 구원하심에는 사람이 생각하기 어려운 심오함이 있겠지만, 사람이 하나님 나라를 무슨 계산이라도 하듯이 자신이 좋을 대로 생각하는 것은 큰 착각입니다.

천국 가는 길

천국은 성경의 핵심이며 구원받은 자, 거듭난 자, 의롭게 된 자, 예수님을 마음에 모신 자, 죄 씻음을 받은 자, 구속함 받은 자, 하나님의 자녀가 함께 하는 곳입니다. "나는 교회에 다니니까 천국에 갈 것이다"라든가 주일 예배도 빼먹지 않았고, 상당한 양의 헌금과 그리고 몇 사람에게 예수님 믿으라고 예수님 편에서 전도도 했으니 천국과 지옥이 있다면 자신은 천국에 갈 것이라고 막연하게 생각하는데 착각일 가능성이 많습니다.

일반적으로 선하고 착하게 사는 사람이 천국에 갈 것이라고 생각하지만, 성경은 예수님으로 죄 씻음 받은 자만 가능하다고 말합니다. 예수 그리스도의 십자가로 죄 씻음 받은 자에 대해 성경은 분명하게 가르치고 있습니다. 예수님 당시 바리새인으로서 정치적으로 상당한 지위에 있었던 니고데모라는 사람이 예수님에게 와서 누가 구원받을 수 있는지 물었습니다.

예수님은 거듭남(중생)에 대해서 말씀하시며, 거듭난 자를 바람에 비유하셨습니다. 바람이 보이지는 않으나 흔들리는 것들로 바람의 존재를 아는 것처럼 구원받은 자도 그렇다고 말씀하십니다. 많은 사람이 천국과 지옥은 존재하지 않을 것이라고 쉽게 생각하지만, 교회 다니는 사람들은 천국과 지옥이 존재하며 자신은 천국에 갈 것이라고 믿고 있습니다. 얼마 후 천국에 간다면 크게 놀랄 일들 몇 가지가 있는데, 먼저는 자신이 천국에 들어와 있어 너무 감사하고 놀랄 것입니다.

많은 세상 친구가 천국이 없다며 자신을 비웃었는데 실제 천국이라는 것이 이렇게 존재하는 것에 대해 그 친구들에게 다시 말해 주고 싶을 것입니다. 그리고 세상을 살아오면서 가장 잘 한 일이, 천국을 믿고 준비하며 살았던 일일 것입니다. 누가 자신에게 천국을 소개해 주었는지, 어떻게 자신은 하나님 자녀가 되었는지에 대해 감사할 것입니다. 다음은, 꼭 천국에 왔을 것으로 생각되는 누군가를 찾는데 그 분이 천국에 계시지 않는 것에 크게 놀랄 것입니다. 교회에 그렇게 열심히 다녔던 그분이 분명 천국에 계셔야 하는데 계시지 않는 것에 너무 놀랄지도 모릅니다.

착각할 수 없는 것

성경에는 어떻게 하나님 자녀가 될 수 있는지 구체적인 방법과 약속을 제시하고 있는데 그것이 복음입니다. 복음을 가스펠(Gospel)이라고 하는데, God's Only Son Promises Eternal Life의 약자가 아닐까 생각해 보았습니다. 하나님 자녀가 되는 것은 오직 예수 그리스도로의 십자가로 말미암은 것이며 그에 합당한 삶의 모습으로 살아가는 것입니다. 예수님을 삶의 주인으로 모시고(예수님을 주[主]님으로 부르는 이유입니다) 살아계신 하나님을 경외하며, 성령님의 인도하심을 따라 사는 것입니다.

2

예배당

개척 교회

처음 시작하는 교회를 개척 교회라고 부릅니다. 건물의 지하 혹은 상가 2층 등 비교적 임대료가 저렴한 곳을 찾아 시작합니다. 일반적으로 예배에 참여하는 숫자가 50명 이하이면 소형 교회라고 하는데 많은 경우 가족과 친지가 중심이 된 20-30명 교회도 많습니다.

이에 반해서 교회가 오래되고 교인 수가 많으며 재정이 넉넉한 교회는 넓은 부지를 마련하고 교회를 멋지게 건축하기도 합니다. 이를 대형 교회라고 부릅니다. 규모가 얼마나 되어야 대형 교회인지 정해지지 않았으나 일반적으로 대형 교회라면 신도 수도 많고, 재정도 넉넉한 교회입니다.

최근 「중앙일간지」에 따르면 우리나라 교회는 6만 개 정도이며(8만 개 정도 된다는 보고도 있음) 재정적으로 미자립한 교회는 80퍼센트 정도 된다고 합니다. 미자립 교회는 사역자의 인건비와 교회 운영비가 부족하다는 뜻이며, 대형 교회에서 일부 지원을 받기도 합니다.

예배당과 성전

교회 건물은 여러 명칭으로 불립니다. 지역 교회 혹은 예배당으로 부르기도 하고, 교회 다니지 않은 분들이 듣기에 좀 불편할 수도 있는데 그리스도인들은 예배당 건물을 성전(聖殿)이라고 부르기도 합니다.

성전이란 '하나님이 계신 곳, 성스러운 곳을 의미'합니다. 본래 성전은 예루살렘에 하나님의 언약궤가 있던 곳으로 B.C. 10세기경 다윗 왕이 준비해 그 아들 솔로몬이 처음 건축한 솔로몬 성전, 이후 B.C. 6세기 스룹바벨 성전 그리고 A.D. 1세기 헤롯 성전이 그 대표적인 예입니다. 그 성전들은 예루살렘 멸망 당시 함께 불타 없어졌으며 지금은 성전의 일부 벽(통곡의 벽)만 남아 있습니다. 성전은 하나님이 계신 곳이며, 교회 건물에 하나님이 계신다면 성전이 맞습니다.

그러나 하나님은 어디에나 계시기 때문에(임재하심) 특별히 교회가 아니라도 어디나 성전이 될 수 있습니다. 특히, 하나님이신 성령님이 각 사람의 마음에 계시기 때문에 믿는 사람 한 사람 한 사람을 모두 성전이라고 합니다. 우리 마음을 거룩하고 깨끗하게 유지해야 하는 것은 우리 마음이 성전이기 때문입니다.

교회를 크고 멋지게 지으려는 분들은 교회 건축을 성전 건축으로 명칭해 거액의 건축 헌금을 모금하기도 합니다. 화려하게 건축된 교회에서 예배드리려는 마음이 이해되면서도, 저를 포함한 그리스도인들은 약간 생각이 다릅니다.

오래된 가톨릭 건물

유럽이나 남미를 방문하거나 여행하신 분은 경험하셨겠지만 오래된 유적지는 모두 교회(성당) 건물입니다. 수 세기를 지나도 웅장하고 아름다운 모습을 그대로 지니고 있습니다. 건물이 크고 아름답지만 문제는 예배를 드리고 있는 분들이 많지 않고, 대부분 나이 드신 몇 분만이 초라하게 예배를 드립니다. 수 세기 지난 건물은 예배를 위한 장소라기보다는 여행자들을 위한 관광이 주목적인 듯합니다.

스페인 바르셀로나의 가우디 건축물로 유명한 '사그라다 파밀리아'(Sagrada Familia)성당처럼 100년이 넘게 건축 중이며 전 세계인이 방문하고 싶을 정도의 건축물도 있습니다. 우리나라 개신교를 상징하는 아름다운 건축물, 전 세계인들이 찾아와 보고 싶은 교회가 한두 개 있다면 아주 좋을 것 같습니다.

그러나 여러 교회가 각 지역에서 대형 건물들을 새롭게 짓는 것에 반대 의견을 갖는 이유는 젊은이들이 교회에서 점점 멀어지고 주일 학교 학생수가 감소하기 때문입니다. 얼마 지나지 않아 단지 유적지로 전락한 유럽 교회처럼 건물은 크고 좋은데 나이 드신 몇 분만이 예배 드리는 모습을 보고 싶지 않아서입니다. 재정 여유가 있다면 교회를 건축하는 것보다 젊은이들을 위한 투자를 하거나 또는 주위에 가난하고 어려운 분들에게 도움을 드리는 데 사용하면 좋겠습니다.

다른 이유는, 많은 그리스도인의 수평 이동입니다. 교회가 커지고 대형화되면서 주위 작은 교회를 다니시던 분들이 큰 교회로 이동하는 것을 말합니다. 어떤 교회의 훌륭한 목사님은 다른 작은 교회를 다시시던 분은 자신의 대형 교회로 오지 말라고 권유하시는 것을 보았습니다.

예수님에게 아름다운 건물

예수님에게 제자들이 성전의 아름다움을 이야기할 때, 예수님은 성전의 돌 하나도 남지 않고 모두 무너진다고 하셨습니다. 예수님의 관심은 건축물에 있지 않고 상처받고 어려움을 겪는 사람들에게 있습니다. 물론, 교회 건물 자체가 필요하지 않다는 의미는 아닙니다. 건축물에 너무 많은 투자를 할 것인가에 대한 질문입니다. 중요한 것은 웅장하고 아름다운 건물이 아니라 그 속에서 예배하는 사람들이기 때문입니다.

예배에 참여하는 숫자가 많아져서 더 넓은 공간이 필요하면 공공의 장소, 미션스쿨, 신학교 강당 등을 사용하는 교회도 보았습니다. 이미 큰 건물을 갖고 있는 교회는 그 공간을 일반인들, 즉 교회에 다니지 않으시는 분이 적극 사용하도록 열린 공간으로 제공해 주어도 좋겠습니다.

많은 교회에서 이미 시행하고 있는 것처럼 젊은이들이 편하게 방문해 쉬거나 공부할 수 있는 장소 혹은 나이 드신 어르신들이 시간을 보내며 무엇인가 의미 있는 것을 배우는 장소들로 활용할 수 있을 것입니다. 예배가 없는 날에는 교회 주차장은 일반인들이 조금 더 편하게 이용할 수 있도록 제공해 주는 것도 바람직합니다.

가정에서 성경을 보고 기도할 수 있으며 예배드릴 수도 있지만 교회에 갈 때는 외모와 옷 매무새를 단정히 하고 마음가짐을 새롭게 합니다. 교회 건물이 필요 없다거나 중요하지 않다는 의미가 아닙니다. 교회를 크게 건축하기보다는 기도하며 젊은이들을 교회로 초청하고, 어렵고 힘든 이웃을 위해 더 투자해야 할 때라는 의미입니다.

3

교회 친구

신앙생활을 오래한 연유로 교회에서 사귄 친구들이 많습니다. 친구와 인간관계는 함께 한 시간이나 마음을 나눈 정도에 따라 깊이가 다릅니다. 학창 시절 서로 부끄러움이 없이 지내던 친구, 군대 훈련 등 어려운 시기를 같이 보낸 친구, 혹은 관련된 일 때문에 직장에서 만난 친구 등 여러 종류의 친구가 있지만, 그리스도인은 교회에서 오랜 시간 같이 신앙생활을 하면서 친하게 된 분들도 많습니다.

교회 다니는 이유

교회를 다니게 된 이유나 동기도 다양합니다. 많은 경우 부모님이 기독교인으로 부모님을 따라 교회에 다닌다는 '모태 신앙인'들이 많습니다. 어머니의 태에서부터 신앙을 가졌기에 '모태 신앙인'이라고 표현하지만 교회에 무슨 일이든 비협조적인 분을 빗대어 '못해 신앙인'이라고 부르기도 합니다. '모태 신앙인'이 '못해 신앙인'이 되기 쉬운 것은 자신의 의지로 교회를 선택한 것이 아닌 부모님의 신앙 권유 혹은 강요가 있었기 때문입니다.

모태 신앙인이 자라 청년이 되어 이제 부모를 떠나 대학을 가거나 직장인이 되었을 때, 자신의 의지를 따라 예수님을 믿게 되든지 혹은 교회를 떠나기도 합니다. 다음 세대로 믿음이 전수되는 것은 매우 중요한 관심이며 주제입니다. 자신의 사업 때문에 교회에 나오는 분들도 계십니다. 대형 교회 소위 어느 정도 규모가 있는 교회에 성실히 출석하면서 개인 사업을 하시는 분은 상당한 고객을 확보할 가능성이 있기 때문입니다.

교회는 일요일(주일)에 예배 일정 및 안내 사항이 기록된 순서지를 매주 만드는데, 교인 중 어떤 사업을 시작하면 알리게 되고 많은 사람에게 광고하는 효과도 있을 것입니다. 지방 선거 등이 있을 때 선거에 참여하는 후보자가 교회를 일정 기간 다니며 자신의 얼굴을 알리는 것과 같습니다. 사람들이 많이 모이는 곳에 얼굴을 보이는 것은 선거에 좋은 전략일 것입니다.

그러나 이기적인 동기로 처음에 교회에 출석했지만 나중 복음을 깨닫고 삶이 변화되며, 신앙을 자신의 이익의 도구로 더 이상 생각하지 않는 경우도 많습니다. 교회 다니는 것이 자신의 이익을 위한 것이라고 크게 나무랄 것은 없다고 생각됩니다. 예를 들어, 진실한 그리스도인이 예수님을 배우기 위한 선한 동기로 신앙생활을 하는 것도 결국 이 세상이든 천국이든 자신에게 좋은 것, 유익한 것을 택하기 위함이기 때문입니다.

좋은 기독교인

기독교인들이라고 특별하지 않습니다. 그들도 하나님에 관해 완벽하게 이해되는 것은 아니지만 믿기로 마음을 결정하고 교회에 다니는 분입니다. 신앙생활하면서 삶과 죽음, 천국과 지옥에 대해 더 깊이 있게 생각할 기회를 갖습니다. 성경을 읽고 기도하면서 하나님에 대한 확신이 깊어지고 점점 신앙이 자라는 것을 경험합니다.

기독교인 중에서 참 신앙인의 모습으로 배우고 닮고 싶은 분들도 많이 계십니다. 나이와 학문 정도에 무관하게 진실한 마음으로 성경대로 살아보려고 하시는 분들이 생각보다 많습니다. 교회에서뿐 아니라 가정과 사회 생활에서도 교회에서 배운 대로 실천하려고 애쓰는 분들입니다. 정직하고 성실하며 자신보다 남을 먼저 생각하는 분들입니다.

일반적으로 새벽 5시에 시작하는 새벽 기도 시간에 우리나라와 민족 그리고 이웃을 위해 간절히 기도하는 분들의 기도를 하나님이 들으시고 도우셔서, 우리나라가 평안한 것이 아닐까라는 생각이 들었습니다.

아마 신앙생활을 하면서 초자연적 기적은 아니더라도 기독교 신앙을 통해 삶의 평안과 하나님의 인도하심, 혹은 기도에 응답받는 기쁨을 맛보았을 것입니다.

술과 기독교

교회 친구들 중에 술 때문에 어려워하는 경우들이 있습니다. 술과 담배를 하지 않는 것을 교인의 구별됨으로 생각하는 경우도 있습니다. 담배의 경우 기독교인이 아니라도 조금만 지혜가 있으면 금연하거나 혹은 끊으려고 애를 쓸 것입니다. 담배 연기로 더러워진 폐가 깨끗하게 되기까지 20년이나 걸리며, 사람에게 발생하는 암의 원인 7-10퍼센트가 담배 때문이라는 말도 있습니다.

그러나 술은 조금 다릅니다. 성경에서 예수님이 물을 포도주로 바꾸기도 하셨고, 포도주는 성찬식에서 상용되기도 합니다. 유럽의 국가에서는 맥주는 음료수처럼 취급되기도 하며, 어떤 다른 나라 기독교에서는 술에 대한 제한이 없다는 말도 있습니다. 우리나라 초기 선교사들이 우리 문화에서 술과 도박이 너무 만연되어 '사회악' 중 하나로 자리해 술과 도박을 못하도록 했다는 이야기도 있습니다.

성경에서 "술 취하지 말라"라는 표현을 인용해 취하지 않는 정도만 먹으면 된다고 하시는 분도 계시지만, 또 다른 성경에는 "술을 보지도 말라"는 표현도 있어 개인의 신앙 양심에 따라 행하면 될 것입니다.

우리나라 문화에서 현대 직장인이 기독교인이라는 이유로 음주를 하지 않는 경우 인간관계의 형성이나 여타 사회생활을 하기가 쉽지 않을 수 있을 것입니다. 그나마 다행인 것은 최근 음주 문화가 개인적 취향과 선택을 존중해 주는 방향으로 바뀌어 가고 있다는 점입니다.

교회를 떠난 친구

교회 친구 중 좀 의문이 든 경우가, 신앙생활을 잘 하다가 어떤 이유에서 그만 두는 경우입니다. 그리고는 더 이상 믿지 않는 사람으로 살아가는 오래된 교회 친구입니다. 교회를 더 이상 다니지 않는 이유는 다양합니다. 많은 경우 교회 내 사람과의 관계에서 생기는 다툼이나 마음의 상처 때문입니다. 교회라고 다툼이 없을 수 없으며, 복잡한 사람의 관계에서 서로 불편한 일이 생기지 않을 수 없습니다.

행여 어떤 분과 너무 관계가 불편해 특정 교회를 출석하고 봉사하기 어렵다면 다른 교회를 찾아보아야 할 것입니다. 세상에 자신에게 완벽하게 맞는 완전한 교회는 없습니다. 물론, 새로운 교회를 찾아 등록하고 새롭게 적응하며 생활하는 것이 쉽지는 않습니다. 교회마다 약간의 다른 분위기가 있으며 새로운 사람을 맞이하는 방법도 다르고, 나이 들어 새로운 인간관계를 맺어가는 것은 어려운 일입니다. 신앙은 사람을 보고 하는 것이 아니며 보이지 않는 하나님과의 관계입니다. 사람에게 받은 상처로 하나님과의 관계까지 깨어질 이유는 없습니다.

4

염려

염려가 없는 사람은 없습니다. 염려 대신 걱정, 근심이라고 해도 좋습니다. 우리 삶은 건강 문제, 재정 문제, 자녀 문제, 진로 문제, 관계 문제 등으로 수많은 염려의 연속이라고 해도 과언이 아닐 것입니다. 인생 전체가 근심과 염려로 가득하고 행복하고 좋았던 순간은 잠깐인 것 같습니다. 눈에 보이는 구체적인 염려가 있고, 손에 잡히지 않으며 무엇으로 표현하기 어려운 막연한 염려도 있습니다. 장래 발생할 가능성이 거의 없으며, 실제로 일어나지 않을 일을 염려하기도 합니다.

예수님은 인생에서 "수고하고 무거운 짐을 모두 나에게 가지고 오라"라고 말씀하십니다. 성경 다른 곳에서는 "하나님께 염려를 다 맡겨 버리라"라고 하십니다. 그리스도인이라면 염려 대신 기쁨과 행복이 넘쳐야 하고, 근심 대신 감격과 평안이 가득해야 합니다. 주위에서 경건한 그리스도인은 얼굴 표정이 밝습니다.

교회도 마찬가지로 어떤 교회를 방문하면 교인들이 행복해 보이고 교회도 전체적으로 밝은 분위기입니다. 상황과 환경에 상관없이 희락과 행복이 가득해야 하는데 그렇지 못해 미안합니다.

하나님의 절대주권(絶對主權)

환경과 조건은 변화되지 않았지만 그리스도인이 기뻐하고 감사해야 하는 이유는 하나님의 절대 주권을 인정하기 때문입니다. 절대 주권이란 하나님 뜻대로 하나님의 목적을 이루어 가는 것을 의미합니다. 하나님은 내 과거와 미래를 아시는 전지전능하신 분입니다. 하나님은 능력이 많으실 뿐 아니라 사랑과 자비가 무한하신 분으로 하나님 자녀들을 최선으로 인도하십니다.

우리는 하나님을 아버지라고 부릅니다. 성숙하고 능력 있는 자녀가 연로하신 아버지를 생각하는 그런 아버지가 아닌, '미숙하고 아직 성숙하지 못한 어린아이와 사랑과 능력이 풍성한 아버지와의 관계'가 그리스도인과 하나님 아버지의 관계입니다.

아버지는 자녀의 성장 과정을 잘 알고 있으며 이미 경험했습니다. 자녀가 느낄 아픔과 상처도 알고 있으며, 충분히 돕고 위로할 수 있으며, 근심과 염려의 문제를 쉽게 해결할 수도 있습니다. 문제를 직면한 자녀는 아버지를 의지함으로 평안할 수 있습니다. 세상에서 육신의 지혜로운 아버지도 자녀에게 유익하다면 당장 혹은 쉬운 방법으로 문제를 해결해 주지는 않으며 기다려 줍니다. 자녀가 감당할 수 있는 고난과 어려움이라면 스스로 해결하도록 할 것입니다.

그러나 육신의 아버지는 능력과 지혜가 한계가 있어 어디까지 자녀를 돕는 것이, 혹은 어떻게 돕는 것이 최선인지 모를 수 있습니다. 지혜로운 아버지는 방임과 과보호 사이에서 균형을 유지하려고 노력할 것이며, 아이가 성장할수록 스스로 무슨 문제든지 해결하도록 지켜볼 것입니다. 아버지는 최선의 방법이라 생각해 자녀를 도왔는데, 무엇이 문제인지도 모른 채 아버지와 자녀 관계가 어려워진 경우가 많습니다. 부모와 자녀 양쪽에서 자신들의 지혜와 판단에 따라 최선을 다했는데도 말입니다.

그러나 하나님 즉 하늘 아버지는 다르십니다. 내게 일어난 모든 상황을 알고 계시며 결과까지 훤하게 꿰뚫고 계십니다. 그분이라면 나를 어떻게 도우실지 가장 잘 아실 것이며, 어떤 근심과 걱정스러운 일이라도 내 유익을 위해 허락하십니다. 지금 내게 발생한 불편함이나 염려스러운 일이 나에게 최선이라면 기뻐하고 감사해야 합니다.

"항상 기뻐하라 범사에 감사하라고 하시며 이것이 하나님의 뜻"이라고 말씀하십니다.

하나님께 맡겨드린 염려

모든 염려와 근심을 하나님께 맡겨 버릴 때 발생할 수 있는 문제를 항변하시는 분들이 계십니다. 염려와 근심도 인생의 과정이며 이를 통해 성숙하고 성장하는데 모두 하나님께 맡겨 버리면 염려를 통해 얻을 수 있는 큰 유익의 기회를 잃게 된다고 합니다.

걱정하지 않으셔도 되는 것은 하나님이 전지전능하신 분이라는 사실에 있습니다. 염려와 걱정이 있는 나를 어떻게 돕는 것이 최선인지 하나님은 아십니다. 문제를 해결해 주실지, 경감하실지, 스스로 해결하게 하실지 혹은 더 무겁게 하실지 하나님만이 아십니다. 단지 그리스도인은 하나님이 걱정스러운 환경에서도 함께하시며 나를 돕고 계시기 때문에 평안한 마음으로 문제를 직면하라는 의미입니다.

하나님을 믿는다고 해서 '내가 정한 때, 내가 정한 방법대로 문제가 해결되어 평안하게 된다'고 생각하지 않습니다. 단지 하나님께서 각 개인에게 최선이 되도록 도우신다는 믿음이 있다는 것입니다. 모든 것을 하나님께 다 맡긴다고 하면 나 자신은 무엇이냐라고 반문하는 분도 계십니다. 하나님만 존재하고 나 자신은 아무것도 아닌 허수아비나 로봇과 다를 바 없다고 말하는데, 일면 맞는 주장 같기도 합니다. 이것은 자유 의지의 문제입니다.

하나님은 사람들이 스스로 선택하고 결정하며 행동하도록 자유 의지를 주셨습니다. 순종과 불순종까지도 자신이 결정하여 행동하는 것입니다. 염려가 되는 문제를 하나님께 맡겨 드렸다고 해서 자신은 아무 선택이나 결정도 내리지 않고 명령만 기다리는 것은 아닙니다. 하나님이 주신 지혜로 최선의 결과 달성을 위해 해결책을 끊임없이 찾고 선택하고 전심으로 행하는 것입니다. 하나님의 뜻이 무엇인지 생각하며, 능력 많으신 하나님이 나와 동역하심을 믿고 행하는 것입니다.

교회 세습

교회 세습이 세간의 큰 이슈가 되어 뉴스에 보도되었으며 지금도 해결되지 않고 진행 중인 경우도 있습니다. 교회 세습은 교단에 따라 교회법이 어떻게 규정하는지 잘 모르지만, 설사 교회법으로 가능하다고 해도 세상 사람들이 인정하지 않는 상식에 어긋나는 경우입니다. 교회 세습 이야기만 나오면 믿지 않는 사람들에게 부끄러워 얼굴을 들기 어렵습니다. 물론, 세습하는 교회도 나름 이유는 있겠지만 세습에 반대하는 이유를 몇 가지 생각해 봅니다.

반대 이유

일반적으로 선대의 직업을 후대에 물려주는 것은 아름다운 일입니다. 일본의 경우 최고의 대학인 동경대학교를 나와도 가족이 대대로 만두 가게를 했으면 가업을 물려 받는 경우가 있다고 들었습니다. 몇 대째 한가지 업을 지속한다면 당연히 전문적이며 탁월한 결과를 만들어낼 것입니다.

개인 사업자가 자녀에게 사업을 물려준다면 아무도 비난하지 않습니다. 정부가 정하는 세금만 충실하게 내면 아버지가 자녀에게 자신의 사업을 물려주는 것은 문제될 것이 없습니다. 그러나 교회는 개인 사업이 아니기 때문에 세습을 반대합니다. 하나님의 일이라고 매주 강조했습니다. 하나님 이름으로 설교했고, 하나님 이름으로 헌금했으며, 하나님 이름으로 교회 건축도 했습니다.

초등학생들 장래 희망을 조사해 보면 아버지의 직업을 많이 따르는 경우가 많다고 합니다. 경찰관이 아버지인 아이는 경찰이 된다고 하고, 선생님을 아버지로 둔 아이는 나중 커서 선생님이 된다고 합니다. 목회자가 아버지인 아이들 중에는 장래 목사가 되고 싶다고 할 수 있고, 실제 많은 경우 목사가 되기도 합니다. 세습하는 교회에서는 세상 법으로나 교회 법으로 세습이 별 문제가 없다고 주장합니다.

그러나 새롭게 배출되는 많은 신임 목회자는 사역지를 찾지 못해 힘들어 하고, 혹은 어려운 사역지를 찾아 나서기도 합니다. 그러나 아버지가 큰 교회 목회자였기 때문에 자신은 교회를 물려받아 큰 교회 목사가 된다면 그것은 부정 청탁으로 현대판 음서 제도나 다름 없습니다. 많은 세상 사람을 복음으로 초청해야 할 사역자가 믿지 않는 사람들이 비난할 일을 해서는 안 될 것입니다.

세습의 그늘

세습하는 자녀 목회자의 능력이 뛰어나 세습이 필요하다고 합니다. 뛰어난 능력을 가진 자녀라면 꼭 아버지가 목회하던 교회에서 사역할 필요가 더욱 없습니다. 어디에서나 뛰어난 사역자로 역할을 잘 할 것이기 때문입니다. 아버지의 마음은 아들에게 조금 더 갖추어진 교회에서 편하게 사역하게 하고 싶은 것이 인지상정일 것 같습니다.

그러나 이것이 꼭 아들을 돕거나 위하는 일이 아닌 것은, 아들은 아마도 세습 목사라는 주홍글씨를 붙이고 목회자의 길을 평생 걸을지 모릅니다. 아버지 목회자의 그늘과 품을 떠나 광야에서 훈련받으며 아들 목회자는 더 갖추어진 하나님의 사람이 될 수 있습니다. 세습을 통해 조금은 편한 사역을 하도록 하는 것은 인간적인 판단이며 하나님을 의지하는 믿음이라고 보기 어렵습니다. 현명한 목회자라면 아들 목회자를 광야에서 훈련시켜 강한 하나님의 사람으로 만들고 싶을 것입니다.

대다수의 교인이 원한다고 합니다. 비록 대다수는 원하더라도 성경에서는 "한 사람이라도 실족하게 하는 것보다 차라리 맷돌을 목에 메고 바다에 빠지는 것이 낫다"라고 경고합니다. 뉴스 등을 보면 실족할 가능성이 있는 사람이 적은 숫자가 아닙니다. 어떤 교회는 세습 문제 때문에 수천 명이 교회를 떠나기도 했습니다.

물론, 대부분 경건한 그리스도인은 정들었던 고향과 같은 교회를 떠나 새로운 교회에서 정착하면서 힘든 시간을 보낼 것입니다. 그러나 또 많은 사람, 특히 아직은 신앙이 견고하지 못한 분들은 아예 신앙을 떠날 수도 있습니다. 세습 목회자 부자의 책임이 너무 크고 무겁게 생각됩니다.

뿐만 아닙니다. 아직 교회를 다니지 않는 분들을 생각하면, 미래에 언젠가 교회로 초대해야 할 분들인데, 기독교와 상관없는 종합 편성 TV에서 세습을 연일 다루는 것을 시청한다면, 영원히 교회로 오는 길을 막는 것일지도 모릅니다. TV 뉴스에서는 세습의 합리적 의심이라고 하면서 교회의 부정을 언급하기도 합니다. 이전에 발생했던 부정적인 내용을 증거라고 일부 제시하기도 합니다.

'과전이하'(瓜田李下)라는 말이 있습니다. '오이 밭을 지날 때는 신발을 고쳐 신지 않으며, 배 밭을 지날 때는 갓끈을 고치지 않는다'는 말입니다. 행여 오해가 될 만한 일을 미연에 방지하는 것이 당연한 이치인데 대다수 성도 특히 일반인까지도 모두 잘못되었다고 하는데 자신들만 문제 없다고 하는 대표적 오만의 예가 교회 세습 문제입니다.

미자립 교회

교회 세습은 비교적 대형 교회로 대도시의 큰 교회 문제입니다. 시골에서 평생 고생하면서 나이 많은 어르신을 돌본 진실한 목사님이 자기 아들에게 그 직을 물려 주고 싶을까 생각해 봅니다. 세습은 지극히 제한된 대형 교회 몇 교회의 문제이며, 사회적 이슈가 되어서 그렇지 대부분 목사님은 자신의 교회를 자녀에게 물려 주는 세습은 비성경적으로 생각하며 꿈도 꾸지 않을 것입니다.

특히, 전국 80퍼센트의 미자립 교회 목사님들은 맡겨 주신 장소에서 하나님 주신 일, 즉 소명이라고 믿고 거룩하고 경건한 본을 보이면서 묵묵히 섬기고 있습니다. 그 목사님들에게 존경과 감사의 마음을 전합니다.

6

이단

 '이단(異端)은 끝이 다르다'는 의미입니다. 처음에는 비슷하게 보이지만, 결국 다른 것이 이단입니다. 기독교가 불교나 유교(유교를 종교라고 한다면)를 이단이라고 하지 않고, 다른 종교라고 부릅니다. 이단은 자신들이 기독교라고 하면서 기독교 정통교리에 어긋나게 주장하는 종교집단입니다. 일반 기독교인은 구별하기 어려운 이단도 있어 이단을 전문적으로 연구하는 분들의 도움을 받아 이단을 구별하기도 합니다.

 기독교 이단의 가장 쉬운 구별은 사도 신경의 인정 여부입니다. 사도 신경은 예수님의 열두 제자로 시작된 교회들이 당시 여러 지역에 흩어지면서 공통적으로 하나님, 예수님, 성령님을 믿고 인정한다는 내용입니다. 특히, 예수님의 동정녀(처녀) 탄생, 십자가 죽음, 부활과 승천 그리고 재림에 관한 내용이 구체적으로 기록되어 있습니다. 사도 신경 중 어느 한 부분이라도 인정하지 않는 경우 이단으로 규정합니다.

오직 예수

개신교는 예수 그리스도가 중심인 종교입니다. 예수 그리스도는 구약에 예언된 메시아입니다. 메시아는 구원자 해방자의 의미가 있지만 본래는 '기름 부음받은 자'라는 의미이며, 그리스도 역시 '기름 부음을 받은 자' 라는 의미입니다. 구약성경에서 왕이나 제사장을 임명할 때 기름 부음이 있었습니다. 구약성경(예수님 오시기 전에 쓰여진)의 예언대로 메시아로 예수라는 분이 태어나셨습니다.

많은 이단 단체 대표자(교주)는 자신이 재림 예수라고 주장합니다. 신천지가 대표적입니다. 신천지 대표인 이만희씨는 자신이 재림 예수이며 영원히 죽지 않는다고 합니다. 기독교 복음선교회 정명석, 하나님의 교회 안상홍 등이 여기에 속합니다. 이단에서는 이단의 창시자나 대표를 예수님과 비슷한 수준으로 인정합니다.

구원자 예수

예수 그리스도를 하나님 아들로 인정하며 그 분만이 오직 구원의 길로 인정하는 것에 관한 차이가 있는 경우들도 있습니다. 세월호 사건으로 문제가 되었던 구원파(기독교 복음침례회)는 구원 교리가 개신교 교리와 차이가 있어 이단으로 규정되었으며, 여호와증인은 예수님을 하나님 아들로 인정하지 않습니다. 영어학원 SDA로 잘 알려진 제7안식일 예수재림교회는 안식일을 지키지 않으면 구원을 얻지 못한다고 합니다.

기독교 교리에서 구원은 오직 예수 그리스도만으로 가능합니다. 유대교는 구약성경의 오실 메시아 예언을 믿고 있으며 이미 오신 메시아이신 예수 그리스도를 인정하지 않습니다. 자신의 조상들이 십자가에서 죽여버린 예수를 구주로 믿을 수가 없었을 것입니다. 유대교인들은 '구약에 약속된 메시아가 언젠가 올 것'이라고 아직도 믿고 기다리고 있습니다. 천주교의 경우는 유일하신 하나님을 믿으며 예수님이 구원의 길이라고 인정하는 분들이 많습니다. 그러나 예수님을 믿지 않아도 착하게 살면 천국은 아니어도 연옥에 갈 수 있다고 합니다. 정통 성경에는 기록되지 않은 내용입니다.

또한, 예수의 어머니 마리아 혹은 순교 당한 천주교인(성인)들도 중보자(우리의 기도를 하나님께 전달하는 분들)라고 하지만 성경의 중보자는 오직 예수님 한 분뿐입니다. 개신교는 오직 성경에 권위를 두지만, 천주교는 로마 교황청, 전통, 성경을 동일한 권위로 인정하기도 합니다.

이단과 정통

기독교 이단이 사회 문제를 일으키고, 정통 기독교가 믿지 않는 분들의 지탄의 대상이 되는 경우가 많아 기독교인으로서 억울한 때도 있습니다. 세월호 사건의 구원파도 이단이며, 최근 사회 문제가 된 신천지도 이단입니다. 구원파 혹은 신천지로 인해 기독교 내에서도 많은 피해를 입고 있습니다.

기독교인이 아닌 경우 하나님을 믿는다고 하면 모두 같은 부류로 생각하기 쉽지만 이단은 전혀 다른 집단입니다. 물론, 정통 기독교이면서 이단보다 못하며 다른 종교보다 하나님을 욕먹게 하는 경우도 있어 미안합니다. 교리적으로는 전혀 문제가 없는데 자신들도 인식하지 못하면서 성경이나 하나님의 뜻과는 반대로 행하는 부류입니다.

교회 밖 세상 사람들은 그들이 잘못하고 있다는 것을 너무 분명하게 아는데 정작 자신들은 잘못을 인정하지도 않고 인식하지도 못합니다. 자신들은 세상 밖을 알지 못하며, 알려고 하지도 않고, 그들의 소리에 귀를 막습니다. 뉴스에서 어떤 목사가 무슨 잘못을 했다고 보도되며, 믿지 않는 사람들도 행하지 않은 범죄에 연관된 경우가 있습니다.

믿는다는 말은 하나님이 살아 계셔서 자신을 보고 계신다는 것이며 그 하나님을 두려워하면서 살아간다는 의미입니다. 목사가 되기 위해서는 개신교 신학교를 졸업하고 일정 기간 봉사하면 가능한 것으로 알고 있습니다.

물론, 목사고시라는 시험도 있습니다. 개신교 소속의 다수 신학교가 있으며, 개별 교단에서 신학교를 운영하는 곳도 있기 때문에 어떤 교단 신학교는 수준에 미치지 못하는 곳도 있을 것입니다. 문제를 일으키는 목사가 목회자 전체를 대표하지도, 혹은 기독교인을 대표하지도 않습니다.

종교 선택

종교의 자유는 헌법이 정하는 기본권이며 누구에게든지 특정 종교를 강요할 수 없습니다. 어떤 종교를 갖거나 혹은 특정 종교를 선택하는 것은 매우 신중하고 심각한 일입니다. 신앙의 확신은 특정 사상에 세뇌를 당하는 것보다 훨씬 강도 깊고, 자신의 평생의 삶을 담보하며 목숨까지도 아끼지 않는 것이 종교입니다. 그것이 공산주의에서 종교를 갖지 못하게 하는 이유입니다.

하나님을 믿는 기독교의 이름으로 이단 종교에 소속되어 인생 전체가 파괴되거나 비정상적인 삶을 사는 안타까운 경우들이 많이 있습니다. 교회를 선택할 때 자세히 알아보고 신중하게 결정하는 것이 매우 중요합니다.

제6부

현실

1. 갑질
2. 세대 차이
3. 사회 참여
4. 다문화
5. 코로나
6. 기독교

갑질

상하 관계와 갑질

　예전에는 잘 들어보지 못하던 단어가 '갑을 관계'입니다. 비슷한 의미로 '권위'라는 단어 정도가 있습니다. '군사부일체'라고 가르침 받으면서 임금, 선생님, 아버지는 같은 위치의 권위로 존중하고 존경하며 순종하는 것이 올바른 태도라고 배웠습니다. 시간이 조금 흐른 후에는 권위에 무조건 순종하는 것이 꼭 올바른 것은 아니며 창의성을 발휘하지 못하게 하며, 무조건 "예"라고 하는 군중 속에서 "아니오"라고 대답할 수 있는 개인이 필요하다는 광고도 있었습니다.

　세상 무슨 조직이나 혹은 최소 사회 단위인 가정에서도 상하 관계가 없을 수 없습니다. 부모와 자녀, 대학 선후배, 직장상사, 가르치는 자와 배우는 자, 나이 차, 군대의 지휘 계통 등 세상 모든 조직과 공동체에는 상하 관계가 존재합니다.

우리 문화는 어린아이들도 서로 "몇 살인지", "몇 학년인지"를 물어보고 서로를 인정한 후 편안한 관계가 성립됩니다. 높임말, 낮춤말이 발전한 우리 언어는 상하 관계가 정립된 후에야 단어 사용도 편안할 수 있습니다. 상하 관계나 갑을 관계 자체를 부인하거나 부정할 수 없습니다. 문제가 되는 것은 '갑질'입니다. '갑질'이라는 단어는 2013년 이후 인터넷에서 사용된 신조어로 '갑의 위치에서 신분, 지위, 직급, 위치 등을 이용해 을에게 오만무례하게 행동하거나 육체적, 정신적 폭력, 언어 폭력, 괴롭힘 등의 환경을 조장'하는 말입니다.

갑을 파괴하는 기독교

그러나 기독교 정신은 계급이 없는 평등에 기초합니다. 초창기 서양의 기독교가 우리 나라에 들어왔던 신유박해(1801년) 무렵 우리나라에서 비교적 낮은 계급(천민)에서 쉽고 빠르게 전파된 이유 중 하나가 계급 사회 속의 양반과 상놈(종)이 서로 형제 자매라고 했기 때문이기도 합니다. 교회(당시 천주교) 가면, 양반집 주인이 종의 아들에게 형제라고 불러 준다면 이보다 더 큰 감동과 충격은 없었을 것입니다.

수백 년째 내려온 양반과 천민의 사회 계급이 없어진 기독교는 천민 계급에게 쉽고 빠르게 전파될 수 있었습니다. 교회에서는 양반인 주인이 낮은 계급의 자신들을 동등한 지위와 위치로 가족처럼 형제요 자매로 불러 주었기 때문입니다.

ㄱ자 교회로 유명한 김제의 금산교회(1900년에 설립, 전라북도 문화재 자료 제136호)는 당시 머슴이었던 이자익이 목사가 되었고, 거상이며 지주였던 조덕삼이 평신도와 장로로 활동했습니다. 지주였던 조덕삼 장로는 15살이나 어리며 당시 머슴 신분이던 이자익 목사를 도와 겸손하게 신앙생활했다는 기록이 아름답게 전해지고 있습니다. 100년 혹은 200년 전 이야기가 아니라도 최근 대통령으로 지냈던 분이 교회에서는 장로로 주차관리를 했다는 이야기를 들은 적이 있습니다. 물론, 그 대통령이 기독교적으로 본이 되거나 훌륭하다는 이야기는 아닙니다.

개인의 소중함

기독교 정신은 개인 개인이 귀하고 하나님 앞에서 모두가 가치가 있고 소중하다는 것입니다. 남녀노소, 빈부 격차가 상관 없으며, 비록 몸이 조금 불편하고 장애가 있을지라도 하나님이 그 한 사람에게 특별한 계획과 목적을 갖고 세상에 보내셨습니다. 가난하다고, 지식이 짧다고, 혹 지위가 낮다고 한 개인을 무시하거나 깔보는 것은 그 개인을 지으신 하나님을 가볍게 여기는 것이라고 가르칩니다. 그것이 약한 개인이나 혹은 누구든지 교회에서 평안과 쉼을 누릴 수 있는 이유입니다.

그러나 지금의 교회는 성경적 평등의 정신을 조금은 상실했고, 혹은 교회 안에서만 개인의 가치를 존중하는 것 같아 미안한 마음입니다. 우주와 인간의 기원에 관해서는 대폭발(빅뱅)에 의한 자연 발생과 진화론이 있고, 성경에서는 창세기를 근거로 하나님이 창조하셨다는 이론이 있습니다. 물리학과 생물학이 발달함에 따라 이전에는 몰랐던 새로운 사실이 증명되기도 하고, 지금은 인간 복제까지 거론되기는 하지만 창조론과 진화론은 여전히 과학으로 증명할 수 없는 가설(론)입니다.

진화론은 "사람은 상상하기 어려운 아주 오랜 기간 동안 하등 동물로부터 점진적으로 진화되었다"는 것이며, 창조론은 "하나님이 사람을 어떤 목적을 위해 특별히 만드셨다"는 이론입니다. 물론, 어떤 이론도 과학적으로 증명하기는 어렵지만 진화론에서 인간의 가치는 이성적이며 인간적 혹은 서로의 필요를 위한 가치에 기인합니다. 이렇게 되면, 목적에 합당한 한 개인은 사회 공동체에 더 효율적이며 더 유익하며, 더 필요하고, 더 높은 값어치로 인정될 수 있다는 위험한 발상이 생길 수 있습니다.

그러나 창조론에서 인간의 가치는 모든 개인은 하나님의 특별하신 목적에 기인하며, 약자는 약한 대로 큰 의미가 있어 존중받아야 합니다. 하나님은 오히려 약자 편이시며 예수님은 가장 약한 자와 자신을 동일시하셨습니다. 창조주이신 하나님과 피조물인 인간의 관계에 대한 믿음은 개개인을 더 소중하고 가치 있게 인식하도록 합니다.

예수님은 약자편

성경의 가치관을 가진 기독교인은 '갑질' 할 수 없습니다. 약한 '을'이 곧 예수님과 동일시되기 때문입니다. 고아와 과부, 혹은 다문화 가정, 병이 있거나, 옥에 갇힌 자에게 선을 행한 것을 예수님은 기억하고 계신다고 말씀하십니다. 외국인 노동자라고, 우리 말을 못한다고, 혹은 신체 장애가 있다고 무시해서는 안 되고, 오히려 더 관심을 갖고 돕는 것이 예수님 정신입니다.

성경과 예수님을 제대로 배우고 알았다면 어떤 상황에서도 '갑질'은 있을 수가 없으며, 사람은 누구나 형제요 자매며 하나님 안에서 한 가족입니다.

세대 차이

세대를 구별하는 다양한 표현이 있습니다. 기성세대는 이미 지나간 세대를 일컫는 반면 신세대는 현재를 살아가는 젊은 세대를 일컫습니다. 특정세대를 표현하는 것으로 '386세대'는 1980-90년대 컴퓨터 386CPU를 비유하며 당시 30대 연령, 80년도 학번, 60년대 출생자들로 군사 독재에 맞서 사회 참여에 열심이었던 한 세대를 지칭합니다.

1990년 이후 출생한 세대를 X세대, N세대, Y세대, Z세대 등 컴퓨터나 인터넷, SNS, 휴대폰, IT 사용과 접근 등에 따라 다양하게 구분합니다. 세대 구분은 '참여하고 즐기는 문화가 다르게 구별되며 의사소통 방법이 독특하다'는 의미입니다. 세상을 바라보는 그들만의 세계관이 있으며 다른 세대에서 중요하게 여긴 가치가 자신들에게는 특별한 것이 아닐 수 있습니다.

문화 차이

 기업은 세대의 변화에 눈을 맞추어 민감하게 반응하고, 그들이 요구하는 필요를 개발하고 제공하며 산업화합니다. 요즘 세대는 게임, 엔터테인먼트 방송, 인터넷 만화, 유튜브를 즐기고 정보를 얻으며, 그들만의 감성을 채워 나가고 있습니다. 그들은 지나간 어른 세대들이 이해하지도 못하고, 경험하지 못했던 인터넷 환경에서 시간을 보내고 즐길 줄 압니다.

 세대 간 언어 사용의 차이도 큽니다. 다양한 의미가 포함되어 있으며, 이전에는 없던 단어를 사용하고, 특별한 뉘앙스를 갖는 압축된 단어를 사용하기도 합니다. 그들의 언어는 새로운 언어체계가 되어 사전을 만들어야 될지도 모릅니다. 문화 영역 중 가장 뚜렷하게 세대 차이를 보이는 분야가 오락 프로그램과 연예계입니다. 부모세대는 '가요무대' 프로그램에서 흘러간 추억의 노래를 들으며 그 노랫말 속의 내용을 음미하면서 감동받고 추억을 회상했습니다.

 2007년 '서태지'라는 가수가 춤을 격하게 추면서 <난 알아요>라고 노래를 할 때 좀 특별하다고 생각되었습니다. 그러나 가수 싸이가 <강남스타일> 말춤으로 전 세계를 열광시키며 한류 가수와 TV 프로그램이 세계화될 때, 우리 문화의 우수성을 인정하게 되었습니다. 영화는 미국 블록버스터나 홍콩의 이연걸, 성룡이 출연한 영화만 있는 줄 알았는데 이제는 우리 영화가 아카데미나 오스카 상을 타는 것을 보게 되었습니다. 외화벌이는 노동 인력 수출에서 시작해 반도체 등 고부가 가치 상품뿐 아니라 이제는 한류 문화가 고 수입원이 되었습니다.

정치적 견해

선거를 앞두고 사전 투표 성향을 보면, 보수와 진보라는 정치 성향의 차이도 있지만 세대 간 차이도 많습니다. 일반적으로 기성세대와 젊은 세대들이 서로 다르게 투표하며, 얼마 전에 젊은 세대였던 분들도 자신들이 기성세대가 되면 또 다가오는 세대와는 다르게 투표할 것입니다.

불의에 저항하며 정의를 위해 자신을 희생한 것처럼 보이던 당시 젊은 세대들이 기성세대가 되어 정치의 중심에 선 경우, 이전의 정의감이 약해지거나 부정부패에 연루된 경우도 보았습니다. 진보와 보수가 균형을 이루며 정치가 안정되게 발전하는 것처럼 세대 차이를 서로 인정하고 균형과 견제를 통해 정치가 발전할 수 있을 것 같습니다.

부모의 세대 즉 기성세대가 보기에는 X세대든 혹은 N세대든 항상 조금은 부족하고 불안정하게 보입니다. 그들의 선택에서 좀 더 고려할 점이 있을 것 같으며 다른 선택을 추천해 주고도 싶습니다. 그러나 기성세대의 의견을 밖으로 표출

하지 않으려고 합니다. 다음 세대들은 기성세대들이 살아온 삶과 너무 다른 경험을 소유하고 있으며, 더욱 미래의 그들의 삶은 예측하기 어렵기 때문입니다.

기성세대의 경험은 그들이 원할 때 참고 자료는 될 수 있으나, 가장 정확하고 옳은 답을 제공하지 못합니다. 또한, 젊은 세대는 정확하고 옳은 답을 원하지도 않고, 오히려 재미있고 즐거운 답을 추구하는지도 모릅니다. 행여 젊은 세대들이 조금 차선의 선택으로 다른 길을 가더라도 그들의 인생에서 또 하나의 길이 될 것입니다.

교회 세대 차이

기업은 세대의 변화를 빠르게 인식하고 그들의 요구에 대응하는데, 교회는 가장 변화가 느린 곳 중 하나입니다. 어떤 분들은 젊은 세대의 취향에 맞추어 복음 성가를 만들고 그들의 음악과 연주 방식으로 찬양하며 믿음을 격려하는 모임들을 만들기도 합니다. 그러나 교회는 기본적으로 전통을 중요시하며 그 전통에서 벗어나는 경우 비정상이라고 간주하는 경우도 많았습니다.

전통은 오랜 기간 많은 사람을 통해 증명되어 모두에게 받아들여진 것으로 전통을 깬 새로운 시도나 실험은 교회에서는 경계하는 경향이 있습니다. 예를 들어, 예배 순서를 바꾸는 일은 매우 중요한 일로 여기고 고심하며, 심지어 피아노의 위치를 놓고 심하게 대립했다는 이야기를 들었습니다. 가라오케나 선술집에서나 사용되던 드럼을 예배당 안으로 들여오는 것도 쉽지 않았을 것입니다. 변화되지 않는 것은 자연적으로 도태될 수밖에 없습니다.

많은 젊은이가 교회에서 멀어지고 있으며, 교회가 자신들을 이해해 주지 못하고 받아들여 주지 않는다고 생각합니다. 이전 교회에서 누렸던 평안과 안식을 다른 곳에서 찾으려고 방황하기도 합니다. 젊은이들이 교회에 다시 찾아오도록 그들의 문화를 만들어 주고, 교회가 절대 변화되지 않아야 할 진리, 즉 변할 수 없는 복음은 지키면서 다음 세대가 원하는 변화를 함께 이루어 나가야 합니다.

사회 참여

지난 60년 간(1960-2020) 우리나라 경제 발전은 눈부셨으며, 한강의 기적이라고 부릅니다. 60년대 외화벌이를 위해 독일에 파견되었던 간호사와 광부들의 어려운 환경과 삶은 대한민국 경제 발전의 초석이 되었습니다.

70년대에는 중동 사막의 근로자들과 월남 전쟁 참전 용사들이 벌어들여 온 달러, 80년대는 중화학 산업, 90년대 이후는 조선과 자동차 그리고 지난 20년 간은 자동차와 반도체 산업으로 꿈에 그리던 국민 소득 3만불 시대와 경제선진국의 징표인 경제협력개발기구(OECD) 가입이 가능하게 되었습니다.

기름 한 방울 생산이 안 되는 나라, 인구는 남북한 합쳐도 1억이 안 되며 그나마 6.25 내전으로 상처가 매우 깊고 아직도 분단으로 같은 민족이 서로 총을 겨누고 있는 우리나라의 경제 성장은 가히 기적입니다. 내전 중인 시리아나 소말리아가 50년 후 경제 선진국이 될 것이라고 생각하지 않는 것처럼 1950년대의 대한민국은 모든 것이 폐허가 된 나라, 미래와 희망이란 없는 나라 중의 하나였을 것입니다.

교회와 사회 참여

 우리나라는 경제 발전뿐 아니라 민주화의 발전까지 전 세계에서 주목 받습니다. 유혈충돌 없이 시민들의 촛불로 정권이 바뀌는 나라는 세계 역사에 우리나라밖에 없을 것입니다. 국민들의 정치의식이 성숙한 결과이며, 장기간 독재 정치 경험과 그들에 맞선 젊은이들 희생의 결과입니다.

 그러나 기독교는 장기 독재 정권에 저항하고 5.18 민주화 운동이나 이후의 독재 정치에 맞서던 젊은이들에게 안식처나 피난처가 되어 주지 못했습니다. 오직 복음만 외치던 교회는 복음이 심어지는 마음의 토양을 경작하지 않았습니다.

 당시 천주교 '정의 구현 사제단'의 활동이나, 젊은 학생들이 독재 정권에 앞서 싸울 때 가톨릭 성당은 그들을 보호하는 장소가 되었습니다. 민주와 정의 사회를 추구하던 사람들 그러나 정권에 대항할 기회나 용기를 얻지 못했던 일반인이 천주교에 호의적인 것은 당연합니다. 개신교 사회 참여는 각 교단에 따라 추구하는 방법이나 생각이 다릅니다.

 최근 서울의 어떤 목사답지 않은 목사처럼 정권에 무조건 대항하는 무분별한 정치 활동에 교회가 나서는 것도 문제지만, 그렇다고 교회가 사회 현실에는 관심이 없이 오직 복음만 강조하는 것도 생각해 보아야 합니다. 예배를 드리는 모든 사람들은 교회 밖 사회 현실 구성원으로 더 많은 시간을 보내고 있으며, 예배를 지속하고 복음을 전하기 위해 안정된 사회 현실이 너무 중요하기 때문입니다.

교회와 현실 정치

개신교가 사회 참여 영역에서 비난의 대상이 되는 이유는 교회가 적극적 정치 활동을 하지 않아서가 아닙니다(기독교를 대표하는지 확인되지 않으나). 특정 교단의 대표나 혹은 어떤 대형 교회 목사가 독재 정치 지도자나 부정한 지도자와도 좋은 관계를 유지하려고 노력하는 모습을 볼 때, 합리적 의구심이 듭니다. 또 어떤 교단은, 정의로운 사회 추구는 다른 사람들의 몫이고 자신들은 복음만 열심히 전하는 일에 부름받았다고 말합니다.

그러나 희생이 필요한 정의 사회 실천에는 참여하지 않으며 그 혜택만 누리겠다는 것은 (극단적 표현이기는 하지만) 무임 승차하겠다는 의미일 수 있습니다. 정치가 안정되지 않는 나라나 영토가 없는 나라 즉 미얀마나 쿠르드족, 로잉야족의 상황이 되지 않도록 교회는 정의로운 사회 구현에 함께 노력해야 합니다.

어떤 기독교인은, 열심히 기도하고 교회 일에만 성실하면, 안정되고 정의로운 국가는 하나님이 주신다고 할지 모릅니다. "여호와로 하나님을 삼는 나라를 지켜 주신다"는 약속은 하나님께 예배를 드리는 기독교인들이 교회 예배와 더불어

성경에 기록된 대로 정직하고 공의롭게 실천할 때 가능한 말씀입니다.

교회와 정의

 기독교(개신교)에 희망이 전혀 없는 것은 아닙니다. 기독교 교단 중에서도 일부는 성경적으로 사회 활동에 참여해 어떻게 긍정적 역할을 할 것인지 가르치고 있습니다.

 또한, 정치적으로 거창하게 민주화운동이나, 시민운동 참여는 아니더라도 교회가 사회의 어두운 부분을 밝히는 역할을 지금도 묵묵히 감당하는 분들도 많이 있습니다. 시골 지역에서 돌봄이 필요한 어르신들을 교회가 섬기며, 도시 독거노인들에게 식사를 제공하고, 지역 사회 도움에 한계가 있는 복지 사각지대의 주민들을 교회가 찾아 섬기고 봉사하고 있습니다.

 교회를 정기적으로 출석하든 하지 않든 우리 국민 5명 중 1명은 자신이 기독교인이라고 말합니다. 구성원의 20퍼센트라면 공동체 전체를 변화시키기에 충분합니다. 우리 민족은 목표를 정하고 전체의 힘을 모아 한 방향으로 추진하는 힘이 대단합니다. 교회도 마찬가지입니다. 전체 교회가 힘을 합쳐 우리나라의 미래를 위해 한마음으로 실천할 수 있습니다. 올바른 방향을 제시하며 삶으로 실천하는, 하나님을 두려워하는 교계의 올바른 지도자를 만날 때입니다.

성경은 공의와 정의가 강처럼 흐르는 사회가 하나님이 원하시는 사회라고 하십니다. 기독교인들이 중요하게 생각하는 하나님 나라 확장을 위해 그리고 평안하고 고요한 가운데 예배드리기 위해 기독교인들이 무엇을 해야 할지 심각하게 생각해 보아야 합니다. 아마도 믿지 않는 사람들, 기독교인들이 아닌 분은 이미 그 답을 알고 계실지도 모릅니다.

4

다문화

 우리 민족은 단일 민족이라고 어려서부터 배웠습니다. 우리 민족은 한 핏줄로 모든 국민이 한 형제요 동포라는 단어에 익숙했습니다. 정치, 경제적으로 중진국 수준일 때도 자신 있게 강조한 것이 한 겨레, 5천 년 역사가 대단한 자부심이었습니다. 외부의 부강한 나라에도 왜놈, 떼놈, 서양놈, 양키 등으로 비하 명칭을 당연하게 받아들였습니다. 피부색이 우리와 다르면 호기심과 차별로 관심의 대상이 되었습니다. 우리나라는 경제적으로 발전하고 경제협력개발기구(OECD) 등 국제 기구에 당당히 가입하고 월드컵, 올림픽 등 국제적 스포츠 행사도 잘 치렀습니다.

 세계적으로 경쟁력 있는 회사들과 최첨단 기술, 세계가 부러워하는 한류 문화는 우리나라의 자랑입니다. 우리 스스로에 대한 자긍심이 매우 높아, 남북이 분단되어 있지만 한민족의 테두리를 지키며, 아름다운 금수강산에서 우리 민족끼리 순수 혈통을 지키며 잘 살 것으로 여겼습니다. 피부와 눈 색깔이 다른 외국인들은 서울 이태원이나 혹은 부산 국제 시장에서나 만날 수 있는 특별한 경우로 생각했습니다.

다혈민족

10-20년 전에는 우리 젊은이는 서구 선진 대학원이나 실험실로 공부를 하러 갔다면 이제는 중국, 베트남, 구소련, 인도 등의 젊은이가 세계 곳곳에서 우리나라로 들어와, 전국 각 대학에 공부와 연구에 참여하고 있습니다. 다양한 문화와 종교를 갖은 외국인이 국내로 유입되었으며, 대학 연구실에는 히잡을 쓴 이슬람 외국인 학생이 복도 한 구석에 자리를 마련하고 하루 5번씩 메카를 향해 기도하는 모습도 있습니다.

외국인 유학생들과 회식 모임을 하는 경우 소고기를 먹지 않는 힌두교도, 돼지고기를 먹지 않는 이슬람교도, 혹 야채만 먹는 채식주의자들 등이 다양하게 모여 있어 식단을 결정하기가 쉽지 않습니다. 각 나라 고급 인력이 대학과 연구소에서 공부할 뿐 아니라 많은 외국인 근로자가 중소 기업, 대기업의 산업 현장에서 합법적 혹은 불법 체류자가 되어 주요 인력으로 참여합니다.

또한, 아파트 등 건축현장 심지어는 농촌에서도 외국인 노동자가 돕지 않으면 일손 부족으로 어렵다고 합니다. 내국인들의 학력과 인건비가 높아지며 3D(Difficult, Dirty, Dangerous) 직업은 외국인 몫이 되고 있습니다. 시골이나 대도시 근교에서는 결혼 적령기를 넘긴 많은 미혼 남성이 외국인 여성을 아내로 맞이해 다문화 가정을 이루는 경우가 늘고 있습니다.

통계청 자료에 따르면, 최근 결혼한 신혼부부의 10퍼센트가 다문화 가정이며, 태어난 아이들의 6퍼센트가 다문화 가정 출생이라고 합니다. 다문화 가정의 경우 상당수 경제적 약자로, 저소득 빈곤층이거나 혹은 대도시 근교나 시골에서 농업을 주로 하는 경우가 많습니다. 다문화 가정 아이들은 비싼 사교육의 혜택을 누리기가 어려우며, 외국에서 들어온 엄마는 한국의 교육 시스템에 익숙하지 않습니다. 특히, 우리 말에 익숙하지 않은 다문화 가정 엄마는 자녀의 학업을 효율적으로 돕기가 쉽지 않습니다. 결과적으로 다문화 가정의 자녀들 상급학교 진학률이 낮다는 자료가 이를 증명합니다.

너희의 나그네 때를 기억하라

하나님의 관심 대상은 고아, 과부, 이방인으로 소외되고 가난한 약자들입니다. 이방 나그네는 본국을 떠나 온 타국 출신으로 법적, 사회적 보호를 받지 못하는 대상들입니다. 구약성경의 두 번째 책인 '출애굽기'는 기독교 교리의 근본이 되며, 모든 성경에서 자주 언급되는 매우 중요한 책입니다.

B.C. 약 2천 년 전, 하나님이 아브라함 개인을 부르시고 젖과 꿀이 흐르는 가나안 땅으로 인도하신다고 하셨습니다.

아브라함은 그 약속의 땅에서 이방인이요 객으로 살았습니다. 아브라함은 약속의 아들 이삭을 낳고, 이삭은 에서와 야곱을 낳습니다. 야곱의 이름이 이스라엘로 변경되어 지금의 이스라엘 나라 이름의 시작이 됩니다. 아브라함 → 이삭 → 야곱으로 이어진 약속의 세대에서 야곱은 열두 명의 아들을 낳습니다. 이스라엘 열두 지파가 되며, 세 번째 아들이 레위, 네 번째 아들이 유다, 열한 번째 아들이 요셉입니다.

형들에게 팔린 열한 번째 아들 요셉이 애굽에서 총리가 되어 야곱과 모든 가족이 애굽으로 이주하게 됨으로 결국 약 4백 년 동안 그곳에서 종으로 살게 됩니다. 온 유대민족(약 2백 만 정도로 추정)이 애굽(현재의 이집트)에서 나그네, 객, 종으로 살게 되었으며, 하나님은 모세라는 출중한 지도자를 세우시고 이스라엘 백성을 애굽의 종살이로부터 구원하시는 것이 출애굽입니다. 홍해 바다가 갈라지는 기적이 이때 일입니다.

성경은 그리스도인들에게 사회적 약자를 대할 때 "너희가 애굽에서 이방인이요 종으로 있었을 때를 기억하고 그들을 도와 주라"라고 하십니다. 어려움을 경험한 사람이 동일한 어려움을 겪는 사람을 실제적으로 도와 줄 수 있기 때문입니다. 이스라엘 유대 민족 자신들이 타국에서 나그네로 살아보았기 때문에 지금 타국인의 고달프고 어려운 삶들을 더 이해하고 도와 줄 수 있습니다. 그것이 성경에서 너희가 애굽에서 종으로 살 때를 잊지 말고 기억하라고 여러 차례 강조하는 이유입니다.

천국의 나그네

그리스도인들은 하나님 나라 백성입니다. 시민권과 국적이 하나님 나라에 있기 때문에 이 세상을 방문한 나그네이며 언젠가 하나님 나라로 귀환하게 될 것입니다. 이 세상 살아가는 동안 우리 삶이 이방인과 나그네의 삶입니다. 잠깐 살다가 간다는 의미도 있지만 우리의 본향 즉 하나님 나라에서 잠시 이 땅에 잠시 나그네와 객으로 살고 있습니다.

다문화 가정을 포함한 외국인 혹은 고려인 마을들을 적극적으로 돕는 교회나 목회자들이 많이 계십니다. 우리 언어와 문화를 가르치며, 의료 혜택을 제공하고, 다문화 가정의 다음 세대 자녀들이 우리 사회 공동체의 건강한 일원으로 자라도록 돕는 것은 국가와 우리 모두의 책임이기도 하지만 또한 교회의 중요한 사명입니다.

5

코로나

전 국민 스트레스

 전 국민이 심하게 스트레스를 받으며 지난 몇 년간을 보내고 있습니다. 2014년 4월 인천에서 제주도로 가던 세월호가 진도 앞바다에서 침몰되어 수학여행을 가던 학생을 포함해 3백여 명 희생자가 발생한 사건은 온 국민을 슬픔으로 몰아넣었습니다. 수 년이 지났지만 아직도 원인과 진실이 규명되지 않았으며 상처는 아물지 않았습니다.

 2015년 8월에는 메르스(중동 호흡기 증후군, Middle East Respiratory Syndrome) 발생으로 국내 2백여 명 감염에 사망자도 40여 명 정도 되었습니다. 다행히 특정 지역에 국한되어 전국적으로 확산되지는 않았습니다. 2002년 사스(중증 급성 호흡기 증후군, Severe Acute Respiratory Syndrome)가 발생해 중국에서는 3백여 명 이상 사망하며 바이러스와의 싸움이 쉽지 않음을 알게 되었습니다.

물론, 우리나라에서 사람에게 전염된 보고는 없으나 조류 독감, 광우병 등으로 수천 수만 마리의 가축, 동물이 폐사되는 것을 보면서 자연 발생적 혹은 환경 파괴 및 인류의 욕심에서 기인하는 변형된 바이러스와의 싸움이 힘겨울 것으로 예상했습니다.

지진과 황사

2017년 11월 포항에서 지진이 발생해 고3학생을 대상으로 전국적으로 치르는 수능(수학 능력 시험) 시험이 하루 전에 연기된 적이 있습니다. 우리나라 수능 시험은 전 국민 출근 시간을 늦추며 듣기 평가 시간에는 비행기 이착륙을 금지할 정도로 국가적 관심을 갖는 날입니다. '수능 연기'라는 초유의 뉴스를 접하면서 그것도 원인이 지진 때문이라는 것에 국민들은 적지 않은 놀람과 두려움으로 시간을 보냈습니다.

인간이 대항할 수 없는 자연재해나 천재지변의 불가항력에 인간의 나약함을 실감하며 특히 우리나라가 지진에서 자유롭지 못함에 두려움을 갖게 되었습니다. 포항 지진은 지열 발전소 등이 원인으로 제기되었지만, 환태평양 지진대에 우리나라가 포함되어 있어 불안한 것은 사실입니다. 포항지진으로 연기되었던 수능은 다행히 추가 지진이 발생하지 않아 일주일 후 시험을 치르게 되었습니다.

2018년과 2019년은 황사 때문에 야외 활동이 제한되었고, 각 학교에서는 체육 시간을 포함한 야외 활동이 중지되었습니다. 정부는 황사 마스크를 사용을 권면했고, 뿌옇게 멀리 보이는 산이 더 답답한 것은 특별한 해결책이 없기 때문입니다. 특히, 우리나라 황사의 경우 중국 고비사막의 흙먼지와 화석 연료 사용이 원인으로, 우리가 할 수 있는 것이 극히 제한되고 단순히 조심해서 견뎌야 합니다.

나이 드신 분들은 어릴 적 신작로에서 버스나 트럭이 지나가면 뿌옇게 일어나는 먼지에 노출된 적이 있지만, 마스크 착용이나 야외 활동까지 제한하는 현실은 상상하지 않았습니다. 현대 황사는 단순한 흙먼지가 아닌 화석연료 분진까지 포함되어 있어 다음 세대를 살아가는 어린이들, 젊은이들이 건강이 걱정입니다.

COVID-19

2020년 2월 중국 우한에서 시작된 코로나 바이러스(COVID-19)는 우리 삶을 완전히 바꾸어 놓았습니다. 2021년 6월 현재 지난 1년 이상 동안 우리나라에서 약 13만 명이 감염되고 2천 명 정도가 사망했습니다. 우리나라뿐 아니라 전 세계적으로 하루에 1만 명씩 사망해 360만 명이 사망했다고 합니다. 단일 사건으로 이렇게 많은 사망자가 발생한 것은 제1차(9백만 명 사망), 제2차(5천만 명 사망) 세계 대전 이후 최악의 상황입니다.

일반적으로 바이러스는 감염력이 높으면 치사율이 낮고, 감염력이 낮은 바이러스가 치사율이 높다고 하는데, 이번 코로나 바이러스는 아주 특이해 사람에게 감염력과 치사율이 모두 높습니다. 다행히 백신이 개발되어 세계적으로 접종이 진행되고 있으며 우리나라도 11월까지는 집단 면역이 생성되어 코로나 발생 이전으로 돌아가길 희망합니다.

교회가 코로나 발생의 중요 원인 장소가 되기도 하였습니다. 교회(敎會)는 모여서 교제하며 배우고 가르치는 곳이기 때문에 바이러스 전파가 매우 쉽습니다. 2020년 3월 우리나라 코로나가 처음으로 다수 발생한 대구 코로나 발생 진원지도 대구 신천지 교회 모임입니다.

그러나 신천지는 기독교나 개신교와는 전혀 상관이 없는 오히려 기독교에 심각한 피해를 입히는 집단인데 이단 신천지 때문에 교회 전체가 비난의 대상이 되었습니다. 물론, 신천지 이후 일부 교회가 방역지침을 어기고 예배를 진행하면서 여러 차례 코로나 전파 원인 및 경로가 되었으며 많은 분에게 피해를 주었습니다. 특정 교회에서 나타난 코로나 환자 발생 보고가 전체 교회로 비난의 화살이 쏟아진 것은 안타까운 일입니다.

온라인 예배

교회는 보이지 않는 하나님을 믿고 섬기는 곳이며, 교회에서의 모임 즉 예배가 교회 유지의 근간이기 때문에 모임을 양보하기 쉽지 않습니다. 물론, 온라인 모임이 가능하지만 참여도와 예배의 효율성은 대면예배 때와는 비교할 수 없습니다. 또한, 상황은 다르지만, 예배를 생명처럼 여기며 신사참배 거절 등 목숨 걸고 교회 예배를 지켜왔던 선조들의 믿음도 있었습니다.

그러나 금번 코로나 환경은 상황이 이전과 매우 다릅니다. 정부의 방역 지침을 따르지 않을 경우, 자신들이 먼저 피해 당사자가 되고 교회를 다니지 않은 많은 분에게 위험을 끼치고 해를 입히게 될 수 있습니다.

교회는 이웃 사랑이 중요한 가치 중의 하나입니다. 이웃을 사랑하는 교회가 이웃에게 위험 요소를 제공해서는 안 됩니다. 온라인 예배는 참여하는 분들의 집중도가 떨어지고, 장차 집단면역이 생겨 대면 예배가 가능할 때 성도의 수가 많이 줄어들 것을 염려하는 분들도 계십니다. 성경의 알곡과 쭉정이 비유처럼, 현재 어려움은 알곡과 쭉정이를 구분하는 기회가 될 수도 있을 것입니다. 코로나가 속히 잠잠하게 되기를 기도하며, 하나님을 진실하게 예배하는 알곡의 신앙인이 되도록 노력하는 계기가 되어야겠습니다.

기독교

 2015년 통계청 인구주택 총 조사에 의하면, 기독교 20퍼센트, 불교 16퍼센트, 천주교 9퍼센트, 종교 없음이 54퍼센트입니다. 조사 시기나 기관에 따라 약간의 차이는 있지만 5명 중 1명은 자신이 기독교인이라고 합니다.

 코로나 시기를 지나는 2021년 요즘처럼 기독교가 믿지 않는 분들에게 지탄과 비난의 대상이 된 적이 있었나 생각해 봅니다. 한국 교회는 세계에서 유례 없이 짧은 기간에 양적 성장을 이루었습니다. 외국에서 온 학생이 밤에 대도시의 수많은 교회의 십자가 불빛을 보면서 시내 전체를 공동묘지로 생각했다고 합니다.

대형 교회

 "개신교 세계 10대 교회 중에서 5개가 한국에 있다"는 말을 들은 적이 있습니다. 우리 사회나 하나님 나라를 위해 작은 교회들이 할 수 없는 일들을 대형 교회들이 감당하고 있습니다. 대형 교회라고 해서 모두 문제가 있는 것은 아니며, 대형 교회의 장점과 단점을 함부로 속단해서도 안 됩니다.

그러나 안타깝게도 대형 교회에서 발생하는 문제를 뉴스 등 매체를 통해 종종 접하게 됩니다. 수십 만 성도를 갖고 있는 대형 교회 목회자의 영향력은 교회 안에서뿐 아니라 우리 사회에 큰 영향력을 미치며, 대형 교회에 부속된 기업이 생기고, 부동산에 투자하기도 합니다. 교회의 운영이 마치 기업을 운영하는 것처럼 경영이 됩니다.

전임 사역자들은 교인을 관리하는 중간 관리자가 되고, 많은 프로그램으로 사람들을 초대합니다. 믿음은 우리가 연약함을 인정하고 조금 부족한 듯할 때 날카롭게 빛나며 하나님을 의뢰하면서 신앙이 성장합니다. 모든 것이 넉넉하고 충분하게 채우고도 남는 교회에서 어쩌면 더 이상 하나님을 의지할 필요가 없게 될 수도 있습니다.

어떤 지역에 큰 교회가 생기면 작은 교회에 다니던 사람들은 큰 교회로 자연스럽게 이동하는 것을 '교인 수평 이동'이라고 하는데 대형 교회에 참석하면 많은 장점이 있기 때문입니다. 예배에 빠져도 숫자가 너무 많기 때문에 누구 하나 신경 쓰지 않으며, 또 굳이 자기가 아니어도 출중하게 섬기는 자들이 많이 교회에 봉사하지 않아도 됩니다. 기독교인으로 주일 예배 정도 참여하면서 자신의 할 일을 다 했다고 나름의 안도감을 가질 수 있습니다. 어느 정도의 교회 규모가 한 개인이 영적으로 성장하며 믿음 생활하기에 적절한지 생각해 봅니다.

한국 교회

한국 교회는 우리나라 경제가 발전하면서 교회도, 교인 숫자도 함께 발전했습니다. 유명한 부흥강사가 오면 교회 운동장까지 가득 메울 정도로 사람이 모였고, 사경회 등은 몇 날 며칠을 계속하며 영적 관심을 모았습니다. 지난 50여 년 짧은 시기 교회도 경제도 함께 부흥했습니다.

그러나 성경은 말하기를 돈과 하나님을 겸해 섬길 수 없다고 하는데 자본주의는 우리 신앙보다 더 강력하고 힘이 센 것이 분명합니다. 누구의 잘못이라기보다는 신앙에 바탕이 된 가치나 인격이 형성되기 전 물질이 그 자리를 차지하게 된 것입니다. 하나님 나라를 먼저 구해야 한다는 구호는 있었지만, 구체적으로 삶으로 본을 보이는 사람은 그렇게 많지 않았습니다. 오히려 마치 부자가 되는 것이 하나님 축복이며, 좋은 믿음의 결과라고 잘못 가르치기도 하였습니다. 세상의 복이 하나님이 주신 복을 앞서게 되었습니다.

개교회주의

개교회주의 신학도 문제를 야기했습니다. 천주교의 경우는 로마가톨릭 교황을 중심으로 한국에는 추기경이 있으며 각 지역 교구를 중심으로 일사분란하게 움직입니다.

물론, 중앙 관리 체계의 로마가톨릭이 완전하다는 의미는 아닙니다. 개신교 많은 교회는 각 지역 교단에 가입되어 있으나 대부분 자율적으로 교회 단위로 활동합니다. 어떤 교회를 설립 개척했으면 평생 한 곳에서 담임 사역자로 일하며, 다른 교회와 인적 교류가 많지 않습니다. 교단에 속하지 않은 교회들을 독립 교단 소속 교회라고 하는데, 교회가 어떻게 활동하고 어떤 목표를 추구하는지 감독 기관 없이 자율적으로 활동합니다.

교회 개별주의는 자신이 속한 교회 발전을 위해 최선의 노력을 할 수 있겠지만 주위 다른 교회에 관심을 갖기가 쉽지 않는 구조이며, 교회가 잘못된 방향으로 운영되어도 견제하고 바로 잡아 줄 시스템이 존재하지 않습니다.

교회와 정치

교회를 정치적으로 이용하는 분들이 있습니다. 기독교인도 얼마든지 정치 활동을 할 수 있으며 사회 부조리에 교회가 목소리를 낼 수 있습니다. 그러나 일반인들이 보기에 상식적이지 않은 분들이 어떤 특정한 교회 혹은 교단의 목회자라고 목소리를 높이며 자신의 이름과 명예를 위해 교회와 하나님의 이름을 이용하곤 합니다. 그들을 추종하는 세력은 자신들이 얼마나 개신교에 해를 끼치는지 인식하지 못하지만 믿지 않는 사람들조차도 그들의 불순한 마음을 이미 다 알고 있습니다.

또한, 고위직 정치인들이 자신의 이름 앞에 교회 직분을 붙이는 것도 덕이 되지 않은 경우가 많았습니다. 그분들이 훌륭한 정치, 국민들에게 신망 얻는 공의롭고 의로운 정치를 했으면 좋겠지만, 좋은 대통령, 좋은 지도자 되기 쉽지 않습니다. 그분들 직함 앞에 붙은 교회 직분이 교회에 대해 부정적 인식을 더 심어 준 것으로 생각됩니다.

교회다운 교회

기독교 이단도 기독교 명성에 큰 해를 입힌 것이 사실입니다. 기독교라는 이름으로 정통교단과 이단이 서로 다툴 때 일반인들에게는 형제들의 다툼으로 생각되며 같은 기독교인으로 인식하고 전체 기독교인이 비난의 대상이 됩니다. 세월호의 구원파가 그렇고, 대구 코로나의 시발점인 신천지도 그렇습니다.

구원파, 신천지, 통일교, 하나님의 교회 등은 이단 집합 단체로 기독교와는 전혀 상관이 없습니다. 물론, 아무리 이단이 세상을 어지럽게 하더라도 진실되고 예수님 닮은 교회가 있다면 빛을 발했을 것이며, 이단과 정통 그리스도인은 구별되었을 것입니다. 이단이나 정통 그리스도인이나 삶과 인격에서 별 차이가 나지 않은 것이 더 큰 문제입니다.

개신교(改新敎)는 16세기 종교개혁 이후 황제와 로마가톨릭 지도자들에게 항의한 사람들이란 의미의 프로테스탄트(Protestant)로 불려지게 되었습니다. 이처럼 잘못된 것이 있다면 저항하고 새롭게 하는 것이 개신교회입니다.

구약성경에서 '의롭고 하나님을 두려워하는 한 사람의 지도자'가 사회 전체를 정화하고 의롭게 변화시킨 예가 많습니다. 우리 한국 교회가 하나님 마음을 품은 예수님 닮은 지도자를 배출하고, 하나님의 공의와 정의를 바로 세우며, 우리 사회의 빛과 소금이며 나침반의 복된 역할을 하게 되길 기대합니다.

나가는 글

좋은 글들이 너무 많습니다

매일 쏟아지는 글과 책들이 많이 있습니다. 어떤 책은 심오한 지식을 전달하며, 깊은 사상으로 읽는 사람의 마음에 감동을 주기도 합니다. 각종 포털 사이트나 개인 SNS에서 관심 있는 글이나 뉴스 정보에 접근하기 쉽기 때문에 인쇄된 글은 갈수록 읽을 기회가 적어지고 있습니다.

더욱 글 재주가 특출하거나 방대한 자료를 기초로 하지도 않았습니다. 그저 일상에서 생각하고 고민해 온 평범한 이야기를 글로 나누고 저 자신과 교회가 조금 변화되고 싶은 마음입니다. 그리고 예수님을 구세주로 믿고 묵묵히 생명의 길을 걷고 있는 선한 교회와 그리스도인이 아직 많다는 것을 전해드리고, 제가 만난 이 복된 길에 여러분을 초청하고 싶은 마음입니다.

감사드립니다.

저의 영적 성장에 도움을 주신 ENM 선교회의 오안도 선교사님, 조형석 목사님, 광주 남광교회 목사님과 믿음의 동역자들 그리고 부족한 내용의 글을 읽고 수정해 주신 윤송자, 정성숙, 조진영, 김유미 선생님께 감사드립니다.